Manuel
de l'énergie des
PYRAMIDES

Directeur de collection: Robert Davies
Directrice artistique: Madeleine Hébert

Dans la même collection:

L'astrographe, Alain Rosenthal
Biorythmes, George S. Thommen
La vie secrète des chiffres, Kevin Quinn Avery

L'Étincelle est une collection de Services Complets d'Édition (SCE)

POUR RECEVOIR NOTRE CATALOGUE, IL SUFFIT DE NOUS
FAIRE PARVENIR UNE DEMANDE À L'UNE DES ADRESSES SUIVANTES:

SCE-Canada , C.P. 702, Stn Outremont, Québec, Canada H2V 4N6
SCE-France, 70 avenue Émile-Zola, 75015 Paris, France.

Serge V. King

MANUEL
DE L'ÉNERGIE DES
PYRAMIDES

L'Étincelle

Montréal–Paris

La maquette de ce livre a été réalisée avec le logiciel
Xerox Ventura Publisher et des polices de caractères
Bitstream® Fontware™ sur imprimante au laser.
Diffusion *Bitstream* en France: ISE CEGOS, Tour Amboise, 7e étage
204 Rond-Point Pont de Sèvres, 92516 Boulogne.

DIFFUSION

Canada: Médialiv
1975 Bd Industriel
Laval, Québec H7S 1P6
Tél. [514] 629-6001

France: SCE-France
70, avenue Émile Zola
75015 Paris
Tél. 45.75.71.27

Belgique: Presses de Belgique
96, rue Gray
1040 Bruxelles

Suisse: Diffulivre
41, Jordils
1025 St-Sulpice

1   Qu'est-ce qu'une pyramide?

Ceux d'entre nous qui travaillent dans le domaine de l'énergie des pyramides depuis des années ont aisément tendance à croire que l'humanité tout entière est au courant de leurs recherches. Mais j'ai récemment posé la question à plusieurs personnes et, si certaines savaient un peu de quoi je parlais, d'autres pensaient qu'il s'agissait d'un système de vente aux particuliers! Je ne prendrai donc rien pour acquis dans ce livre; je m'adresserai directement à vous, lecteur, pour vous faire découvrir le monde fascinant de l'énergie des pyramides, et vous pourrez récolter facilement et à peu de frais quelques-uns de ses nombreux bienfaits. Car, une fois construite, une pyramide fonctionne gratuitement. Elle peut vous faire économiser du temps et de l'argent, et vous apporter la paix du corps et de l'esprit. Personnellement, je pense que sa redécouverte est l'événement du siècle. Pendant les cours et les conférences que j'ai donnés sur la pyramide et ses propriétés, on m'a posé un grand nombre de questions pertinentes et stimulantes. Vous les retrouverez dans ce livre qui se présente, dans sa presque totalité, sous forme de questions et de réponses. Êtes-vous prêts? Alors en route pour l'aventure!

D'abord, qu'est-ce exactement qu'une pyramide?

Une pyramide est avant tout une figure géométrique (voir la fig. 1). Elle a une base carrée et quatre côtés en forme de triangle qui se rencontrent en un point appelé le sommet. Comme vous pouvez le voir sur la figure, les pyramides ont un aspect très différent suivant les proportions existant entre la longueur de la base et la hauteur. Toutefois, la majorité des gens qui travaillent dans le domaine de l'énergie des pyramides utilisent des modèles qui reproduisent plus ou moins les proportions de la Grande Pyramide d'Égypte. En gros, on peut dire que c'est une pyramide dont les arêtes des côtés sont légèrement plus courtes que celles de la base (voir fig. 2). Les proportions spécifiques seront données dans le chapitre sur la construction de votre propre pyramide.

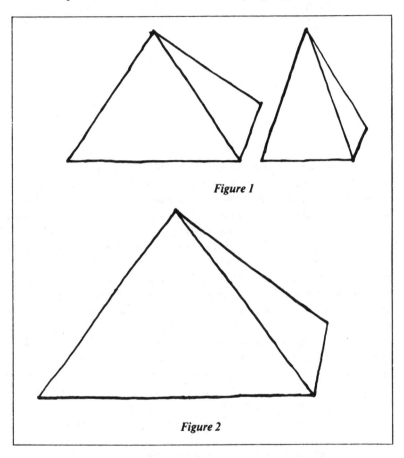

Figure 1

Figure 2

Quelle est la particularité des proportions de la Grande Pyramide?

La Grande Pyramide a été conçue d'une façon très spéciale par quelqu'un qui était un génie en mathématiques, physique, géologie et astronomie, pour ne nommer que quelques-unes des sciences appliquées dans cette structure particulière. Les proportions et les angles composés de la Grande Pyramide en font un instrument efficace pour l'arpentage, le calcul des longitudes et des latitudes, l'établissement d'un système universel de mesures, l'observation des étoiles d'une façon aussi précise qu'avec un téléscope, et la réalisation de problèmes mathématiques impossibles comme la quadrature du cercle. En fait, il existe des livres entiers consacrés aux applications pratiques des proportions de la Grande Pyramide. Certains archéologues vous diront que tout cela n'est qu'accidentel. Il est exact que nous ne savons pas si la Grande Pyramide a été utilisée pour réaliser tout ce que nous nommions plus haut, mais ces propriétés sont vraiment trop nombreuses pour parler de hasard.

Mais qu'est-ce que tout cela a à voir avec l'énergie?

Nous y voilà! Alors que tout le monde se demandait quand, pourquoi et par qui la Grande Pyramide avait été construite, André Bovis, un Français, nota un fait curieux: les déchets et les cadavres d'animaux qui se trouvaient dans l'une des pièces n'étaient pas nauséabonds, comme il s'y attendait. Après examen, il s'aperçut qu'ils étaient comme momifiés. De retour en France, il construisit un modèle exact de la Grande Pyramide, et plaça à l'intérieur des morceaux de viande crue de toutes sortes pour voir ce qui se passerait. La viande ne pourrit pas, mais semblait s'être déshydratée (ou se momifier) sans dégager d'odeur de putréfaction. Il s'agissait là d'une découverte étonnante que Bovis tenta de présenter aux cercles scientifiques de l'époque pour qu'on l'étudie. Malheureusement, il était engagé dans des recherches que nous appellerions aujourd'hui parapsychologiques et que ses contemporains jugeaient fantaisistes; ils refusèrent donc de prendre en considération sa découverte. Autant qu'on s'en souvienne, André Bovis fut le premier à découvrir qu'une énergie se manifeste à l'intérieur d'une structure pyramidale. Car les modèles réduits de Bovis et tous ceux réalisés depuis continuent à «fonctionner» de la même manière.

Il faut donc absolument respecter
les proportions de la Grande Pyramide?

Attention, je n'ai pas dit ça. En fait, il s'agit d'un mythe qui doit disparaître. J'aimerais faire remarquer que bon nombre des modèles réduits utilisés aujourd'hui ont des proportions plus précises que celles de l'original. Les arêtes de la base de la Grande Pyramide ne sont pas toutes égales. L'idée selon laquelle tout modèle doit être construit suivant des proportions exactes pour fonctionner est absolument erronée. Ce genre de conviction est néfaste pour deux raisons: elle fait naître chez le bricoleur une inquiétude superflue, et inhibe toute recherche. En réalité, on peut se permettre une bonne marge de variation dans les proportions sans diminuer les effets de l'énergie... Je crois que l'on peut affirmer sans crainte qu'une pyramide dont les arêtes sont de longueur égale donnera d'aussi bons résultats qu'un modèle respectant les proportions de la Grande Pyramide.

Alors pourquoi tant insister sur les proportions?

D'une part, la Grande Pyramide a des proportions esthétiquement agréables; d'autre part, certains estiment que les associations psychologiques avec l'Égypte sont désirables. Enfin, les proportions contiennent des renseignements mathématiques pouvant en amener d'autres qui permettent de faire d'autres découvertes. À mon avis, la Grande Pyramide fut construite de cette façon afin de transmettre la connaissance. L'énergie aurait existé indépendamment de ces proportions, mais pas la connaissance.

**J'ai entendu dire que la Grande Pyramide
était simplement la tombe d'un pharaon.**

Si la Grande Pyramide *n'a pas* été quelque chose, c'est bien cela! Cette opinion nous vient des archéologues traditionnels qui ne se basent que sur leurs convictions personnelles. Malgré tout ce que les films que nous avons vus ont pu véhiculer, il faut bien dire qu'on n'a jamais trouvé ni corps ni momie dans les pyramides, sauf dans une ou deux, très petites, et construites des milliers d'années après la Grande Pyramide. (S'il y a des archéologues qui peuvent me corriger, j'admettrai bien volontiers mes erreurs. Veuillez accepter ceci comme un défi!) Toute idée émise aujourd'hui sur les constructeurs de la Grande Pyramide, ou sur les raisons de sa construction, ne repose que sur des déductions ou sur l'intuition. Les Égyptiens qui étaient des archivistes méticuleux n'ont laissé aucun écrit concernant la Grande Pyramide. Même la date de sa construction est incertaine. On s'accorde généralement sur 3500 avant J.-C., mais cette date est basée sur une preuve très mince. Si vous lisez beaucoup sur le sujet, vous verrez souvent le nom de Cheops attribué à la Grande Pyramide. C'était le nom du pharaon qui régnait à la date mentionnée plus haut et cela ne prouve pas que Cheops en ait été le constructeur. Pour ce qui est des recherches sur les pyramides, cela n'a pas beaucoup d'importance. Ce qui compte, c'est l'énergie, et la façon de l'utiliser.

**Mais croyez-vous que les anciens Égyptiens
étaient au courant de l'énergie?**

Je crois que oui. Premièrement, il existe dans les proportions de la Grande Pyramide des concepts mathématiques qui désignent l'endroit où la concentration de l'énergie est la plus haute. (Je renvoie les passionnés de maths à mon précédent livre *La physique mana (Mana Physics)* où ils trouveront une explication du *phi* et sa relation avec le point focal de l'énergie). Deuxièmement, le fait que les salles importantes soient construites suivant les surfaces de concentration extrême de l'énergie semblent corroborer cette hypothèse. Enfin, il y a les momies, indépendamment du lieu où elles furent enterrées. L'un des effets de l'énergie est de momifier la chair des cadavres, et nous ignorons encore aujourd'hui le système de momification des anciens Égyptiens. La plupart des égyptologues pensent qu'on utilisait un liquide spécial pour embaumer les corps. Pour ma part, je crois que les Égyptiens traitaient les cadavres dans une pyramide avant de les enterrer.

Peut-on penser que l'énergie a servi à construire la pyramide?

Il serait amusant de se pencher sur cette question. La Grande Pyramide aurait pu être construite d'une douzaine de façons différentes, sans avoir recours à un type spécial d'énergie. D'un autre côté, nous avons des indications récentes sur les effets d'anti-gravité que peut avoir cette énergie. Si tel est le cas, et si les Égyptiens (ou d'autres, car nous ne sommes même pas certains de l'origine des constructeurs) connaissaient une façon pratique de concentrer l'énergie à cet usage, ils auraient été bien sots de ne pas l'utiliser. Mais jusqu'à maintenant, il nous a été impossible de donner des preuves pour ou contre.

Que se passa-t-il après l'échec de Bovis auprès des scientifiques?

Les choses progressèrent très lentement. Bovis avait fait sa découverte dans les années 30; dix ans plus tard, des Américains, Verne Cameron et Ralph Bergstresser, firent des recherches sur les pyramides, mais n'eurent pas plus de succès que leur prédécesseur. Toujours dans les années 40, un Tchécoslovaque du nom de Karl Drbal découvrit qu'une pyramide pouvait aiguiser des lames de rasoir (mais oui!) et il lui fallut lutter pendant dix ans pour obtenir un permis. Enfin, Sheila Ostrander et Lynn Schroeder publièrent un livre intitulé *Fantastiques recherches parapsychiques en URSS (Psychic Discoveries behind the Iron Curtain)*, dans lequel elles consacrent un chapitre aux recherches effectuées en Tchécoslovaquie sur les pyramides. Elles déclenchèrent un certain intérêt pour les pyramides aux États-Unis. Depuis lors, de nombreuses recherches *underground* ont été faites, principalement dans les garages et les sous-sols, dont seulement un pourcentage infime est publié. On construit plus de pyramide qu'on ne publie de livres à leur sujet. Actuellement, l'intérêt pour les pyramides est en passe de devenir une mode.

Peut-on trouver des pyramides dans le commerce?

Certainement. Les pyramides vendues dans le commerce peuvent être de prix, de taille et de construction différents. Elle se font en carton, en aluminium, en acier, en cuivre, en bois, en styrène et même en pierre. aluminium, en acier, en cuivre, en bois, en styrène et même en pierre. Certaines n'atteignent que 7 cm de haut, tandis que d'autres peuvent rivaliser avec l'originale! On construit des maisons, des hôtels, et des pièces en forme de pyramide. En assemblant les pyramides entre elles de diverses façons, il semble qu'on obtienne de meilleurs résultats.

Quelle est l'importance du matériau utilisé?

En général, les résultats sont les mêmes avec tous les matériaux. Mais de nombreuses personnes affirment percevoir l'énergie différemment suivant le type de matériau qu'elles emploient. C'est ainsi que certains préfèrent le cuivre, à cause de sa plus grande «force», et d'autres le bois pour sa «douceur». Il est bien évident qu'il s'agit là de goûts très personnels.

Comment mesure-t-on l'énergie?

Bonne question, à laquelle nous ne pouvons pas encore donner une bonne réponse, malheureusement. L'un des problèmes de l'énergie des pyramides est qu'elle ne peut être mesurée par aucun dispositif communément utilisé pour l'électricité ou le magnétisme. Elle se comporte parfois comme l'électricité, parfois comme le magnétisme, et parfois même comme la lumière, tout en étant très différente. C'est ce qui explique les difficultés que l'on a à la mesurer. Actuellement, à ma connaissance, il existe cinq façons sérieuses de mesurer l'énergie des pyramides. Malheureusement, aucune n'est assez précise pour répondre aux exigences d'un laboratoire scientifique.

Comme nous n'avons pas ce genre de laboratoire, vous pouvez y aller...

Eh bien, la mesure la plus objective est l'observation des effets. On s'apercevra par exemple que selon son genre ou sa taille une pyramide peut déshydrater une matière ou aiguiser une lame plus vite qu'une autre pyramide. Une technique de mesure étonnamment objective est celle du pendule. Le meilleur accessoire que j'ai pu trouver est un petit pot de plastique du genre de ceux que l'on trouve dans les distributrices de gomme à mâcher. Enlevez le couvercle, percez un trou à travers avec une aiguille munie d'un fil au bout duquel vous attachez un bouton, replacez le couvercle sur l'objet. Le fil doit avoir de 25 à 30 cm de longueur (voir fig.

3). Prenez le pendule, en le tenant par le fil, et approchez-le lentement du côté de la pyramide ou au-dessus du sommet. L'effet sera léger, soyez donc très attentifs. En vous approchant de la pyramide, vous sentirez une légère résistance, comme si l'air devenait plus «épais». Il ne s'agit pas d'un phénomène imaginaire, même si certaines personnes sont plus réceptives que d'autres à ce genre de chose. Pour prouver l'objectivité de l'expérience, remarquez comme le pendule s'écarte de la verticale, comme s'il rencontrait la résistance du champ d'énergie de la pyramide. Demandez à un ami de regarder la scène de côté, afin de vérifier ce phénomène. Avec des pyramides d'intensité différente, vous remarquerez que la résistance du champ diffère aussi et que la distance à laquelle elle se fait sentir change par rapport à la pyramide. Ces deux méthodes de mesure peuvent être utilisées par n'importe qui.

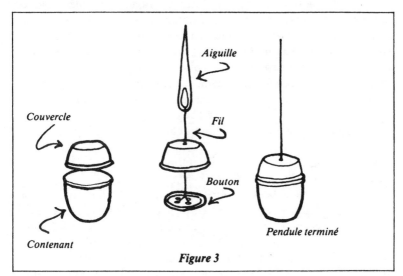

Aiguille

Couvercle

Fil

Bouton

Pendule terminé

Contenant

Figure 3

Quelles sont les autres méthodes?

Nous entrons maintenant dans un domaine très subjectif. La plupart des gens sentent quelque chose s'ils placent leur main à l'intérieur ou au-dessus d'une pyramide. Ce sont généralement des sensations de chaleur, de souffle frais, de pression, ou de picotement. Cela varie d'un individu à l'autre et chez une même personne à des moments différents. Cela ne facilite évidemment pas une mesure précise de l'énergie, mais cela en indique sa présence. Une fois que vous connaîtrez vos propres sensations, vous serez en mesure d'évaluer les différences d'énergie entre les pyramides. Sachez cependant que certaines personnes ne ressentent absolument rien. Si vous êtes l'une d'elles, ne vous en faites pas. Votre sensibilité augmentera à mesure que vous travaillerez avec des pyramides. En attendant, essayez une autre méthode. La méthode qui suit requiert quelques dons de «sourcier» ou de radiesthésiste, dons qui permettent à certaines personnes de trouver de l'eau avec une baguette. Si vous n'y croyez pas, inutile d'insister. Essayez autre chose. Si vous êtes convaincus, comme je le suis, qu'une telle chose est possible, et si vous êtes capables de le faire, vous pouvez utiliser le pendule décrit plus haut, ou tout autre instrument de radiesthésie. Un bon sourcier peut obtenir des lectures très précises. Le sujet de ce livre n'étant pas la radiesthésie, je regrette de ne pouvoir parler de ce procédé, mais vous en trouverez une bonne explication dans mon précédent ouvrage. La dernière méthode consiste à trouver quelqu'un qui peut *voir* l'énergie. Cela peut paraître étrange, mais de telles personnes existent. Nous ne naissons pas tous avec une gamme déterminée de perceptions sensorielles. Certains possèdent, entre autres, un spectre visuel plus étendu que d'autres. Soit dit en passant, nous pouvons pratiquement tous nous exercer à étendre ce spectre, mais ceci est le sujet d'un autre livre. De toutes façons, si vous êtes capables de voir l'énergie irradiée par la pyramide, vous avez un gros avantage sur la plupart des autres chercheurs.

Nous avons entendu parler de «la Chambre du Roi».
Qu'est-ce que c'est?

Quand on parle de la «Chambre du Roi», on fait allusion à un point focal d'énergie situé environ à un tiers de la distance séparant la base du sommet, au centre de la pyramide. Le nom lui-même est celui que les Arabes donnèrent à une chambre de la Grande Pyramide qui, par son toit plat, rappelait les chambres funéraires de leur pays. Ce sont les Arabes qui entrèrent les premiers dans la pyramide. Ils trouvèrent une autre chambre, avec un toit pointu celle-là, et ils l'appelèrent la Chambre de la Reine parce que c'était ce genre de pièce qu'ils utilisaient pour enterrer les femmes. On ne trouva ni corps, ni trésors dans ces pièces. (Voir la fig. 4 pour le schéma de ces pièces). Les deux chambres en question se trouvent près du point focal supposé, mais ni l'une ni l'autre ne sont exactement situées sur ce point. On donne maintenant le nom de «Chambre du Roi» au point focal des modèles réduits.

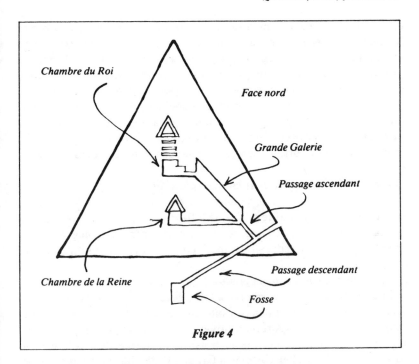

Figure 4

L'énergie est-elle uniquement au point focal?

Pas du tout. Ce point n'est que l'endroit où la concentration est la plus forte. L'énergie est tout autour de l'intérieur, de l'extérieur, et est projetée par le sommet et par les coins de la base. Ce sont des sourciers qui ont découvert ces champs d'énergie, et ils ont contribué à rendre l'utilisation des pyramides plus complète. Vous verrez de quelles façons un peu plus loin.

Est-ce que la façon dont est orientée la pyramide a une importance quelconque?

Ah oui, c'est très important! Le champ d'énergie associé à la pyramide semble plus fort quand *un côté* fait face au pôle magnétique. Le pôle magnétique est indiqué par l'aiguille d'une boussole. Il ne faut pas le confondre avec le nord géographique. À l'époque où l'on commença à faire des expériences sur les pyramides, on pensait que la pyramide devait faire face au nord géographique, parce que la Grande Pyramide est presque exactement orientée de cette manière. Cependant, on s'est aperçu depuis que le champ magnétique de la terre joue un rôle dans cette génération d'énergie, et que l'utilisation du pôle magnétique donne de meilleurs résultats. En Égypte, le pôle magnétique et le nord géographique se rejoignent presque et c'est probablement ce qui donna naissance à cette fausse interprétation. Le pôle magnétique varie un peu d'année en année, mais il est difficile de déplacer une Grande Pyramide une fois qu'elle est construite... À mon avis, la pyramide d'Égypte a été orientée afin d'obtenir un effet maximum. Puisque seul le pôle magnétique est important, ne vous souciez pas du nord géographique.

Que se passe-t-il lorsqu'on déplace une pyramide?

L'effet diminue jusqu'à ce qu'elle ait atteint une déviation de 45 degrés et reprend si la pyramide continue à tourner. En d'autres termes, la position la moins efficace est lorsqu'un coin fait face au pôle magnétique. L'effet ne disparaît jamais complètement, mais il s'affaiblit.

Où peut-on se procurer une boussole?

Si vous achetez une pyramide à faire vous-même, vous aurez peut-être une boussole incluse dans la boîte. Sinon, vous en trouverez dans un magasin d'articles de sport ou de jouets. Vous n'avez pas besoin d'acheter une boussole très coûteuse, puisque la marge de tolérance est assez grande. N'oubliez pas que la Grande Pyramide n'est pas orientée de façon précise. Vous pouvez facilement vous fabriquer une boussole avec un aimant en barre de la taille qui vous convient. Attachez une ficelle ou un fil autour du milieu de l'aimant et laissez-le prendre librement. Quand il s'arrête de tourner, il s'immobilisera dans une position nord/sud. Inutile pour vous de savoir distinguer le sud du nord, puisque deux des côtés de votre pyramide feront nécessairement face l'un au sud, l'autre au nord. Si vous n'y arrivez vraiment pas, vous pouvez toujours placer un côté de votre pyramide dans la direction du soleil levant ou couchant, ce qui aura pour effet d'aligner les deux autres côtés. Et voilà! Ceci n'est évidemment pas aussi précis que les autres méthodes mentionnées, mais suffisant pour la plupart des expériences.

Une pyramide doit-elle avoir une base?

Certains prétendent qu'une pyramide est plus efficace quand sa base est faite du même matériau que le reste mais, au cours de mes expériences, je n'ai vu aucune différence notoire.

Il existe des pyramides sans côtés. Est-ce qu'elles sont efficaces?

Oui, aussi étonnant que cela puisse paraître. Les premières pyramides construites avaient des côtés solides. Ensuite on pratiqua des trous dans les côtés et on constata que les pyramides ne perdaient en rien leur efficacité. Enfin, quelqu'un essaya de ne laisser que la structure de la pyramide, et les résultats furent presque aussi satisfaisants. Il existe une différence, mais elle est minime. Il est intéressant de noter que des panneaux de côtés dépourvus de coins ne semblent pas fonctionner, pas plus que les structures dépourvues de cadres de base. Avec une «carcasse» de pyramide vous pouvez voir la progression de vos expériences, vous pouvez placer ou enlever des choses à l'intérieur sans rien déranger, et vous pouvez les déplacer plus facilement. Cette découverte a vraiment fait avancer les recherches.

Certaines personnes suspendent leur pyramide au plafond. Qu'en pensez-vous?

On s'est aperçu que l'énergie émise par la pyramide semble se projeter vers le bas, presque comme si une petite pyramide tenue à distance du sol était le sommet d'une plus grande pyramide invisible. Cette découverte est aussi très importante. Cela signifie que si vous suspendez une pyramide au plafond, vous aurez les mêmes effets en dessous qu'à l'intérieur. Parmi les nombreux chercheurs qui utilisent la pyramide dans cette position, aucun n'a encore rapporté une perte d'énergie quelconque. Tout ce que nous savons, c'est qu'il y a des résultats.

Est-ce que les grandes pyramides dégagent plus d'énergie que les petites?

Il semble que ce soit le cas, sans oublier cependant de tenir compte des matériaux utilisés.

Qu'est-ce qu'une grille de pyramides?

C'est un ensemble de pyramides placées de manière à obtenir une accumulation d'énergie émanant des pointes. Un type de grille contient quinze pyramides de 2,5 cm de hauteur et a la taille d'une carte postale. On place les objets que l'on veut traiter au-dessus de cette grille. On peut aussi utiliser des «carcasses» de pyramides. Les deux versions donnent des résultats.

Et qu'est-ce qu'une plaque-pyramide?

Une plaque-pyramide est généralement un morceau de plaque enduite d'aluminium qui a été soumis à un courant de 100.000 volts, afin de le rendre temporairement aussi efficace qu'une pyramide. Ceci ne doit pas être confondu avec mon invention, le *Manaplate*, qui est un générateur d'énergie «pyramidale» permanent, utilisant les principes découverts par Wilhelm Reich. Le fait est que les pyramides sont un moyen de produire cette même énergie.

Comment se fait-il que le gouvernement ne fasse aucune recherche sur l'énergie des pyramides?

Mais le gouvernement appuie de telles recherches! Un organisme du nom de *Mankind Research Unlimited* dans la ville de Washington, D.C. a reçu un octroi du gouvernement pour faire des recherches de base, et les résultats obtenus sont venus corroborer ce que des chercheurs privés avaient déjà dit. Il est probable que nous ne sommes pas tenus au courant de toute la recherche effectuée en ce moment. Récemment les journaux rapportaient que les États-Unis avaient financé un projet en Égypte, afin, disait-on, de localiser une pièce cachée de la Grande Pyramide. On pensait y arriver en faisant la corrélation des différences entre les tracés des rayons cosmiques autour de la base de la pyramide. Le premier rapport annonçait que ce système n'avait pas marché, contrairement aux lois de la physique, parce que les données enregistrées variaient d'une journée à l'autre. Cela n'aurait pas dû se produire, et on ne trouva pas d'explication au phénomène. Bien sûr, un autre rapport vint annuler le premier. J'admets que ce ne sont là que spéculations, mais je pense que ce projet était plutôt axé sur la recherche des propriétés de la pyramide en matière d'énergie.

Que pensent les hommes de science de l'énergie des pyramides?

Le problème est que la majorité des scientifiques n'osent tout simplement pas y penser. Le «monde scientifique» est une jungle dans laquelle il est très difficile de survivre. Quelqu'un qui s'éloigne trop des courants de pensée établie est soit ignoré, soit écarté. Son sort dépend des vagues qu'il remue. Pour le moment, la recherche qui se fait sur les pyramides est très loin du courant principal de la pensée scientifique établie. Heureusement, il existe quelques savants très courageux qui se sont sérieusement penchés sur la question — pendant leur temps libre, il va sans dire, et en faisant très attention, mais ils font des progrès. Quelques jours avant d'écrire cette page, j'ai entendu dire que l'on faisait, dans une université de la Côte Ouest, des recherches qui viennent confirmer les revendications des chercheurs privés les plus avancés, et qui ont apporté d'importants résultats dans le domaine du magnétisme. On m'a dit que les résultats étaient «publiables» et que l'on cherche un débouché. Dans le monde de la sous-culture scientifique, une des difficultés majeures est de pouvoir publier ses résultats, et c'est d'autant plus difficile si l'on remet en question des opinions bien établies. Ce qui est encourageant pour l'avenir, c'est le nombre croissant des collèges encourageant ou acceptant, pour le cours de science, des projets sur l'énergie des pyramides.

Vous avez donné quelques exemples de ce que pouvaient faire les pyramides. Y en a-t-il d'autres?

Je vais vous donner une liste de ce que la pyramide est susceptible d'accomplir; l'ordre n'est pas préférentiel et nous discuterons de cette liste dans les chapitres suivants:

- aiguiser les lames de rasoir et la coutellerie
- adoucir le café, le thé et le tabac
- donner à l'eau du robinet un goût d'eau de source
- stimuler la croissance des plantes
- accélérer le temps de germination des graines
- conserver la nourriture
- rehausser les saveurs naturelles
- faire mûrir les fruits et les légumes
- retarder la croissance des algues, et empêcher celle des bactéries
- améliorer la réception de la télévision et de la radio
- recharger les batteries
- augmenter la conscience, et rendre la relaxation plus profitable
- stimuler le processus de guérison, et alléger la douleur
- accroître la vitalité et la virilité
- retarder et enlever la ternissure

On dirait vraiment un élixir miracle. Comment les pyramides peuvent-elles faire tout cela?

Le fait que l'énergie des pyramides puisse accomplir autant de choses constitue un handicap dès que l'on essaie de convaincre les gens de son efficacité, et cela les empêche aussi d'essayer d'en comprendre le processus. Dans le chapitre suivant, nous examinerons quelques théories sur la façon dont opère cette énergie. Ce chapitre vous plaira sûrement, si vous vous intéressez à ce problème, et vous aurez peut-être vos propres idées sur la question.

Mais si vous avez hâte d'en arriver à la pratique, lisez tout de suite le chapitre 3 qui vous renseignera de façon précise et vous permettra de commencer vos propres expériences.

2 Comment la pyramide fonctionne-t-elle?

C'est inévitable. Chaque fois que je donne une conférence sur l'énergie des pyramides, quelqu'un vient me regarder droit dans les yeux, et me demande: «Mais comment ça marche?» Bien que nous n'ayons pas encore compris le fonctionnement de l'électricité, du magnétisme, de la gravité, de la lumière, du corps humain et d'une foule d'autres phénomènes, nous ressentons le besoin fondamental de savoir le comment des choses et nous cherchons une réponse satisfaisante. Autrefois, c'était facile: il suffisait de dire que c'était les dieux, ou Dieu, qui étaient responsables. De nos jours, les réponses doivent être plus techniques. Peu importe qu'elles soient bizarres, pourvu qu'elles semblent correctes. Elles doivent aussi, bien sûr, paraître raisonnables à l'esprit le plus ouvert, mais en général, il suffit qu'elles ne mettent personne mal à l'aise.

Répondre à la question sur le fonctionnement d'un type particulier d'énergie équivaut à émettre une théorie, c'est-à-dire, au mieux, une déduction. Il faut bien comprendre que nous n'avons aucune réponse concernant le fonctionnement de l'électricité, du magnétisme, etc. mais seulement des déductions, autrement dit, des théories. Le meilleur type de théorie en est un qui explique pratiquement tous les phénomènes se rattachant au sujet traité, et qui sert à prédire des phénomènes futurs. Lorsqu'une théorie en est à ce stade, elle est généralement acceptée, tout au moins jusqu'à l'apparition d'un nouveau phénomène qu'elle ne peut expliquer. Il faut alors trouver une autre théorie.

J'ai dit plus haut qu'on acceptait facilement des théories incongrues à condition qu'elles ne dérangent pas. Même les savants les plus sérieux tombent dans ce piège, surtout si un nouveau phénomène entre en jeu, dérangeant leurs théories précédentes.

J'ai entendu récemment un scientifique présenter sa théorie des manifestations magnétiques sur le soleil. Il commença à parler de lignes de force magnétique qui, dit-il, étaient purement imaginaires, mais commodes. Il démontra ensuite comment ces lignes imaginaires circulaient autour du soleil, et termina en disant que le phénomène qu'il était en train d'expliquer fonctionnait lui-même grâce à des cercles imaginaires filant à grande vitesse le long des lignes de force, et passant de l'une à l'autre. À la fin de son exposé, il était convaincu d'avoir donné une explication claire du phénomène. On peut dire que sa démonstration avait au moins le mérite de faire travailler l'imagination.

Un autre type de théorie scientifique était présenté lors d'une conférence sur l'exobiologie, qui est l'étude de la vie se manifestant ailleurs que sur terre (à l'exclusion des OVNI). Il s'agissait d'expliquer la présence de formes biologiques sur certains météorites. Un savant de grand renom se leva et proposa la théorie suivante: un météorite s'était écrasé, il y a fort longtemps, sur la terre, provoquant la projection de morceaux de terre sur la lune; et plus tard, un météorite s'était écrasé sur la lune, projetant à nouveau des morceaux sur terre. Cette théorie a été proposée et écoutée avec le plus grand sérieux...

Dans la première théorie, on a construit un ensemble de circonstances imaginaires, dont on s'est servi pour expliquer des phénomènes. En prenant comme point de départ une supposition fausse ou improbable, il est possible de prouver ou d'expliquer tout ce que l'on veut. Dans la deuxième théorie, on s'en est tenu à des faits connus, mais on les a combinés d'une façon absurde, et en laissant complètement de côté d'autres faits connus. On sait par exemple que certaines formes biologiques ont été découvertes sur certains météorites et que ces derniers viennent effectivement heurter à la fois la terre et la lune; mais on sait aussi qu'un météorite qui frappe la terre ne pourrait pas donner assez de son énergie cinétique pour permettre aux particules touchées d'atteindre la vitesse de 11,2 Km par seconde nécessaire à les libérer du champ de gravité terrestre. Comme vous l'avez peut-être deviné, je suis en train de vous mettre en garde contre toute théorie expliquant l'énergie des pyramides, spécialement à cette étape-ci de la recherche. En d'autres termes, ne les acceptez pas uniquement parce qu'elles vous semblent correctes ou parce qu'elles correspondent à vos convictions présentes. Essayez de garder présentes à l'esprit deux questions: s'agit-il d'une théorie qui explique tous les phénomènes connus; peut-elle servir à prédire des phénomènes futurs?

À l'heure actuelle, aucune théorie sur l'énergie des pyramides ne satisfait ces deux critères et nous essayons d'en trouver une qui s'en rapproche le plus possible.

Cette mise en garde étant faite, je vais maintenant vous énoncer les théories les plus connues auxquelles vous serez confrontés. Comme je ne veux embarasser personne, je ne donnerai pas le nom des auteurs, mais je donnerai le mien. Vous avez la permission de vous moquer de moi si vous voulez.

Théorie du tourbillon éthérique

D'après cette théorie, il existe une substance appelée «l'éther», liquide subatomique ou proto-atomique qui imprègne et relie toute chose dans l'univers physique. La gravité est censée être une fonction de pression éthérique, et les forces électromagnétiques sont la fonction des tourbillons (ou variations, parasites) du liquide éthérique. La forme de la pyramide provoquerait un tourbillon électromagnétique de ce genre qui pourrait expliquer les phénomènes qui lui sont associés. Les phénomènes d'énergie en question seraient dus à l'électromagnétisme. Si c'est le cas, cela signifie que nous sommes encore moins avancés en électromagnétisme que nous l'avions cru, et c'est très probable. Vous verrez, dans un prochain chapitre, que l'énergie des pyramides a véritablement des effets électromagnétiques, bien qu'à ma connaissance il soit encore impossible de les mesurer suivant les méthodes traditionnelles. Il est étrange de constater qu'un certain nombre d'effets provenant de l'énergie des pyramides se manifestent aussi en présence d'appareils électriques et d'aimants, ce qui serait en faveur de cette théorie. Toutefois, certains autres effets semblent se manifester en l'absence de toute forme connue d'électromagnétisme. On peut donc dire qu'il s'agit ici d'une théorie offrant uniquement une explication très généralisée, sans dire pourquoi la forme de la pyramide provoque des effets différents de ceux d'un cube, ni comment l'énergie arrive à produire ces effets. En somme, cette théorie n'est guère satisfaisante.

Résonance à micro-ondes

Cette théorie a l'avantage de sembler scientifique et est endossée par le radio-technicien tchèque Karl Drbal, qui a découvert l'effet de régénération d'une lame de rasoir. L'explication théorique de la résonance à micro-ondes a été acceptée par le bureau des brevets tchécoslovaque lorsque Drbal obtint son brevet sur l'aiguisseur de lame de rasoir. Je dois préciser que Drbal a découvert, comme moi-même, que la forme pyramidale n'est pas la seule forme géométrique capable de produire certains effets d'énergie et que les proportions de la Grande Pyramide ne sont pas les seules à être efficaces. En ce qui concerne la théorie, Drbal a postulé qu'une pyramide faite d'un matériau diélectrique (c'est-à-dire non métallique) laisserait pénétrer des micro-ondes venant de sources électriques, magnétiques, électromagnétiques, corpusculaires, et de gravité, et peut-être aussi de sources non encore définies. Étant donné qu'il n'y aurait qu'une repénétration externe partielle à travers le matériau diélectrique, les micro-ondes restantes constitueraient un procédé d'excitation de résonance à l'intérieur de la cavité pyramidale. Ce processus est censé produire une accélération de la régénération de la structure des cristaux sur le tranchant de la lame. En effet, une lame de rasoir a un tranchant cristallin «vivant», ce qui veut dire que si vous laissez la lame après l'avoir utilisée, elle se régénérera elle-même considérablement en un peu moins d'un mois. Grâce à la pyramide, ce processus est accéléré et obtenu en 24 heures. La résonance à micro-ondes a aussi pour effet d'évacuer à l'air libre les molécules d'eau contenues dans le tranchant de la lame. D'après Drbal, l'action de l'eau sur l'acier peut diminuer la rigidité du tranchant de 22 pour cent. Cette action résonante sur les molécules d'eau est également censée jouer un rôle dans le processus de déshydratation ou de momification affectant la matière organique. Des études faites sur la déshydratation électromagnétique confirment que c'est bien le cas. Ajoutons que l'action à micro-ondes a également un effet stérilisant. En d'autres termes, elle peut tuer les micro-organismes responsables du dépérissement, produisant ainsi quelques autres effets de la pyramide sur la matière organique vivante ou morte. L'action micro-ondes étant impliquée, Drbal considère que les pyramides, pour être efficaces, doivent être construites avec des matériaux non métalliques pour ne pas risquer de voir les micro-ondes rejetées par les métaux. Pour cette même raison, il considère qu'on ne devrait pas s'en servir sur ou à côté d'appareils électromagnétiques ou de murs de métal.

J'ai cité le nom de Drbal non seulement parce qu'il mérite d'être salué pour l'importante recherche qu'il a effectuée, mais aussi à cause de son esprit véritablement scientifique. Un vrai savant est toujours prêt à admettre ses erreurs au cas où des faits nouveaux viendraient contredire ses hypothèses. Drbal a nettement dit que la résonance à micro-ondes peut fort bien ne jouer aucun rôle et qu'il peut s'être fourvoyé. Je suis heureux de l'entendre, parce que les découvertes effectuées récemment ne soutiennent pas cette théorie des micro-ondes. On a d'une part découvert que les pyramides en métal fonctionnent aussi bien que les pyramides non métalliques. Et, d'autre part, on s'est aperçu que les structures faisaient aussi bien l'affaire, ce qui semble éliminer l'idée de l'excitation résonante. De plus, mes propres expériences indiquent que les murs métalliques n'empêchent pas l'action de la pyramide, et que les appareils électromagnétiques augmentent ou amplifient ses effets, plus qu'ils ne les réduisent. Ainsi, tout en expliquant quelques effets, la théorie de la résonance à micro-ondes n'a pas contribué à en prédire d'autres.

La théorie du magnétisme

Il n'y a aucun doute quant au rôle direct que joue le magnétisme dans l'énergie des pyramides. Toutefois, il existe une théorie selon laquelle le magnétisme est le seul en cause. Il nous reste bien des propriétés magnétiques à découvrir, et ce que nous savons déjà n'est pas encore accepté entièrement. On sait par exemple que la pyramide fonctionne mieux lorsqu'un de ses côtés fait face au pôle magnétique. Dans cette position, l'énergie de la pyramide semble atteindre un maximum de concentration. Si l'on déplace la pyramide, les effets diminuent jusqu'à un point minimum, atteint lorsqu'un des coins fait face au pôle magnétique. Cela ne signifie pas que les effets disparaissent complètement, mais qu'ils ne sont pas aussi forts. En faisant des expériences avec un tétraèdre — pyramide à trois côtés — j'ai constaté avec surprise que les effets semblaient se manifester de la même façon qu'avec une pyramide ordinaire, indépendamment de

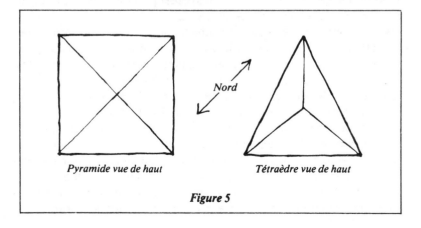

Pyramide vue de haut   *Tétraèdre vue de haut*

Figure 5

l'alignement suivi. Toutefois, cela peut s'expliquer par le fait qu'une pyramide à trois côtés équilatéraux ne peut jamais dévier du nord magnétique (ou du sud) de plus de 25 degrés. Elle ne peut donc jamais être aussi désaxée qu'une vraie pyramide (voir la fig. 5).

La théorie du magnétisme est étayée par certaines lectures magnétiques obtenues sur un gaussmètre (compteur Gauss), même à l'intérieur de pyramides en carton, et qui augmentent quand la pyramide se rapproche du nord. Les lectures se sont avérées plus élevées avec des pyramides à structure métallique, alors que normalement, une structure métallique devrait abriter ou absorber l'énergie magnétique de l'intérieur de la structure. Le fait que ce soit le contraire est très significatif. Il suffit apparemment que la pyramide ait une orientation verticale. Bill Kerrell et Kathy Goggin qui nous ont fait part de l'expérience ci-dessus dans leur livre intitulé *The Guide to Pyramid Energy* (Le guide de l'énergie des pyramides) ont également découvert que l'énergie magnétique diminue lorsque la base de la pyramide est basculée de sa position horizontale et que les effets diminuent jusqu'à disparaître lorsqu'elle est entièrement retournée.

Un chercheur d'une université de l'Ouest m'a envoyé des renseignements qui étayent ces affirmations. Ses recherches indépendantes confirment l'existence d'effets magnétiques autour des pyramides, le matériau de construction n'entrant pas en ligne de compte. Mes propres recherches soulignent l'importance du champ magnétique terrestre en ce qui touche l'effet de régénération d'une lame. Le *Manaplate,* qui est une plaque de forme indéfinie, n'a pas besoin d'être orienté pour atteindre les effets de l'énergie des pyramides, mais il est important de noter que l'effet d'aiguisage est plus fort lorsque le côté le plus long de la *lame* est orienté nord-sud.

Voilà longtemps que l'on pense que le magnétisme a des propriétés spéciales qui dépassent les applications technologiques actuelles. En 200 avant J.-C., le physicien grec Galen décrivait les propriétés guérissantes des aimants; plus tard, au XVIIIe siècle, Franz Anton Mesmer les utilisait à grande échelle au début de ses travaux. Récemment, les excellentes recherches d'Albert Roy Davis et de Walter C. Rawls Jr ont confirmé les effets biologiques bénéfiques des aimants. Leurs livres sont cités dans la bibliographie. Quant à moi, j'ai montré que les gens ressentent l'énergie qui émane d'un aimant et que les sensations ressemblent à celles qui se manifestent à l'intérieur et autour de la pyramide. De plus, j'ai découvert, au cours de tests subjectifs regroupant de nombreux volontaires, que les personnes sont très sensibles au champ magnétique terrestre. D'autres chercheurs ont également découvert qu'en plaçant un aimant à l'intérieur d'une pyramide on semble amplifier l'effet.

Toutefois, il existe de nombreuses recherches qui réfutent apparemment la théorie du magnétisme. Par exemple, Mesmer finit par abandonner les aimants car ils s'avéraient superflus pour obtenir des effets énergétiques. En ce qui me concerne, j'ai pu obtenir tous les effets de la pyramide en me servant de matériaux non magnétiques, bien que la nécessité d'orienter la lame reste mystérieuse. Kerrel et Goggin rapportent qu'en entourant une substance d'essai d'un champ magnétique fort, on n'obtient pas les mêmes résultats qu'avec une pyramide. Il faut toutefois faire remarquer en toute honnêteté que d'autres recherches ont montré que des champs magnétiques faibles ont paradoxalement un effet plus grand sur les substances biologiques que des champs forts.

D'autre part, une grille ou matrice de pyramides renversées produira les mêmes effets que l'énergie des pyramides.

Que faut-il donc penser de la théorie du magnétisme? Tant que l'on n'aura pas prouvé que les substances non magnétiques sont en fait magnétiques, on ne pourra accepter cette théorie qui est insuffisante pour expliquer tous les effets produits.

La théorie de la radiation

Dans cette théorie, que viennent soutenir de nombreuses preuves scientifiques, on dit que tout corps irradie de l'énergie électromagnétique par l'oscillation des atomes et des systèmes moléculaires. L'énergie est transférée d'une substance à une autre, cette seconde résonnant ou vibrant en harmonie avec la radiation de la première. Il existe des exemples simples de ce phénomène: un chanteur peut, en atteignant une certaine note, casser un verre; un diapason peut faire vibrer un instrument à corde situé à proximité; un générateur d'électricité statique peut allumer une ampoule fluorescente à distance. En ce qui a trait aux pyramides, la théorie de la radiation postule que l'énergie radiante de la structure d'une pyramide se combine aux angles et aux coins pour former des rayons qui s'étendent à la fois intérieurement et extérieurement à la pyramide. L'endroit où elles se rejoignent est le point focal bien connu que l'on appelle la Chambre du Roi. Au fur et à mesure que le processus se poursuit, l'air qui est à l'intérieur de la pyramide commence à vibrer en harmonie avec les rayons, jusqu'à ce que l'atmosphère intérieure soit saturée, donnant ainsi naissance aux effets connus. Ce faisant, les rayons d'énergie sont détectés à l'extérieur des coins et du sommet et l'on sait que les effets d'une pyramide se prolongent même au-delà.

Cette théorie a cependant un défaut: elle devrait prédire un champ d'énergie fort même à l'intérieur d'un cube. Cependant, de nombreuses expériences montrent qu'un cube ne peut pas empêcher le phénomène de dépérissement des matières organiques, comme le fait la pyramide. D'un autre côté, le scientifique Wilhelm Reich découvrit des effets semblables à ceux de la pyramide à l'intérieur d'un tube de métal, effets qui se trouvaient accentués quand on ajoutait des couches de matériaux organiques au métal. Mais une fois le cube démonté, l'énergie irradie encore des plaques, ce qui semble contredire la théorie des rayons. On ne peut pas dire qu'il y ait saturation des plaques par les rayons pour la raison que des plaques auxquelles sont ajoutées des couches «fonctionnent» même si elles n'ont jamais fait partie d'un cube. Enfin, nous avons construit des pyramides dont les joints étaient des tubes de plastique, leur donnant ainsi des coins ronds, et nous avons encore obtenu les mêmes résultats. Il est clair que la théorie des rayons et de la radiation laisse encore à désirer.

Théorie de la lentille cosmique

Cette théorie est facilement réfutable. Elle soutient que la nature spéciale de la forme pyramidale fait que la pyramide agit comme une lentille qui concentre l'énergie cosmique provenant de l'espace. Si la forme de la pyramide était seule en cause, cette explication pourrait sembler plausible, mais ce n'est pas le cas. La question qui se pose ici n'est pas de savoir s'il existe une énergie cosmique, mais plutôt si la pyramide est une lentille. Mis à part le fait que certaines formes ne ressemblant pas du tout à une lentille peuvent donner des résultats, il faut aussi considérer le champ énergique entourant la pyramide et émanant d'elle. Cette théorie est vraiment trop limitée.

Théorie de l'énergie multiple

Les effets provoqués par l'énergie des pyramides ressemblant à ceux de l'électricité, du magnétisme, de la gravité (ou de l'anti-gravité), de l'électricité statique et apparemment à ceux de plusieurs autres types inconnus, ont amené certains théoriciens à déclarer que la pyramide est tout simplement un générateur d'énergies multiples. Cette théorie est vraiment énorme, car une bonne théorie est censée simplifier les choses, non les compliquer. Cette théorie est virtuellement nulle en ce qui concerne la prédiction de nouveaux phénomènes. Si tout peut arriver, il n'y a donc pas de schéma pour une application pratique. Or, la pyramide possède un schéma et les résultats sont pratiques. En un sens, il est peut-être impossible de mettre en doute la théorie de l'énergie multiple, mais elle n'explique ni ne prédit et par conséquent, elle est inapplicable.

Théorie de l'énergie primale

Cette théorie vient avant tout ce que nous appelons civilisation et, pourtant, c'est celle que je préfère. On dit qu'il existe une énergie primale — que quelques-uns appellent l'énergie cosmique — dont découlent toutes les autres énergies. Prenons l'analogie suivante: l'eau est une substance qui, sous certaines conditions, est glace, liquide ou vapeur. De la même manière, l'énergie primale — que j'appellerai *mana* suivant la tradition Huna — peut apparaître, dans certaines conditions, sous forme d'électricité, de magnétisme ou de gravité. C'est pourquoi l'électricité peut être convertie en magnétisme, et vice versa. La gravité ne nous est pas encore très connue, mais il n'existe aucune raison logique qui défend de penser à un spectre gravito-électrique, gravito-magnétique en plus du spectre électromagnétique. L'électricité et le magnétisme ont chacun leurs polarités, et l'énergie des pyramides présente elle aussi des effets de polarité. Certains pensent que la gravité est monopolaire; pour ma part, je crois que la poussée vers le haut des plantes, par exemple, démontre l'existence de ce qu'on peut appeler une force anti-gravité. Vous rendez-vous compte de la force anti-gravité nécessaire pour soulever un séquoia de 80 mètres dans les airs, ou pour faire pousser un brin d'herbe à travers un trottoir en ciment?

Un autre aspect du *mana* est ce que l'on pourrait appeler la «force vitale», cette mystérieuse qualité qui provoque le schème de la croissance, la régénération des cellules et l'expérience sensorielle. On peut réaliser tellement de choses avec l'énergie des pyramides qu'il semble bien y avoir un dénominateur commun. On peut obtenir certains effets spécifiques comme adoucir le goût du café en utilisant l'électricité, le magnétisme, la lumière du soleil, les pyramides, les *manaplates*, ou ses propres mains. Il doit bien y avoir un lien qui relie toutes ces énergies. C'est un peu la «loi de l'éléphant»: si ça ressemble à un éléphant, marche comme un éléphant, parle comme un éléphant, et se conduit comme un éléphant, il s'agit sans doute, d'un éléphant! Tout semble indiquer une énergie primale. Bien qu'elle ne soit pas parfaite, cette théorie a de grands avantages. Elle explique les effets existants et permet de faire des prédictions. Elle m'a permis de prédire qu'une boîte à orgone, qui est un appareil énergétique de type particulier n'ayant pas une forme pyramidale inventé par Wilhelm Reich, pouvait produire tous les effets de la pyramide, y compris aiguiser des lames de rasoir; et c'est ce qui s'est produit. Ce n'est qu'une prédiction parmi beaucoup d'autres très utiles, toutes basées sur le concept de l'énergie primale. Le grand avantage est que cela marche, en tous cas jusqu'à preuve du contraire.

Pour ce qui a trait à l'origine de l'énergie des pyramides, je pense que la pyramide est un condensateur — et non un générateur. Nous vivons dans un océan d'énergie primale, un océan dans lequel passent des courants tel que le flux magnétique de la terre. Je crois que, par sa forme, la pyramide crée une distorsion de ce flux, une sorte de tourbillon, dans lequel l'énergie se fait plus condensée, et que ses effets se font plus marquants. Vous savez naturellement que la terre a un champ électrique perpendiculaire au champ magnétique. Il y aurait également distorsion ou condensation, et l'on attribuerait à ce phénomène quelques-unes des qualités électriques de la pyramide. Si cela est vrai, nous devrions pouvoir concevoir des formes spécifiques pour des effets plus spécifiques. En fait, en Tchécoslovaquie, un métallurgiste du nom de Robert Pavlita travaille à cette tâche, ainsi qu'une organisation appelée Genesa et dirigée par le Dr Derald Langham à Fallbrook en Californie. Les inventions de Pavlita s'appellent des appareils psychotroniques.

La théorie «plus pratique que théorique»

Dans presque tous les progrès humains, la pratique a précédé la théorie. En général, quelqu'un fait une découverte, et ensuite quelqu'un d'autre essaie de comprendre comment cela a été possible. À ce moment-là, l'inventeur a de loin dépassé le stade de ses premières recherches. Lorsque des gens font l'expérience de l'énergie des pyramides et viennent ensuite me demander comment ça marche, je leur répète la réponse qu'Édison fit à une dame qui lui demandait le comment de l'électricité: «Ne vous souciez pas de la façon dont ça fonctionne, madame, contentez-vous de vous en servir!»

3 Comment faire les expériences

À voir la réaction des gens à qui l'on parle des choses inhabituelles qu'une simple pyramide en carton peut faire, on dirait que nous vivons dans une société dépourvue de volonté et de discernement. C'est encore pire si l'on demande à des novices de se prêter au test du goût, par exemple. La réaction la plus courante est: «C'est de la suggestion». Cela signifie que le seul fait de mentionner qu'on puisse éprouver une différence de goût entre l'eau traitée et l'eau normale suffit à provoquer le phénomène. J'aimerais avoir une telle force de persuasion. Mais cette force disparaît dès que je suggère de financer mes recherches, car on me regarde alors d'un air absent...

Il est à la fois étonnant et comique de voir combien nous avons été programmés à croire que nous sommes facilement influençables (dans le cas où l'expérience contrarie la logique), et combien la réalité est souvent une question de croyance. Beaucoup pensent qu'il suffit de croire aux effets de l'énergie de la pyramide pour les obtenir. Ceci a de quoi décourager l'apprenti qui souhaite partager ses connaissances avec les autres. D'un autre côté, il existe des personnes qui se disent être des chercheurs, et qui discréditent le domaine de l'énergie des pyramides parce qu'ils seraient trop aisément confondus. Dans ces cas là, le désir ou la croyance surpassent vraiment la réalité — tout du moins en ce qui concerne les contestataires.

Afin de vous permettre d'aborder l'énergie des pyramides en toute tranquillité, vous aider à supporter le scepticisme de vos amis et faciliter l'évaluation des capacités véritables de la pyramide, je vous propose une façon scientifique de faire vos expériences, présentée sous forme de questions et de réponses. Cela conférera une plus grande crédibilité à vos découvertes, même si l'Académie nationale des Sciences ne reconnaît pas la validité de vos résultats. Mais en utilisant une méthode organisée de recherche, vous éliminerez un grand nombre d'erreurs dues à la négligence ou à un enthousiasme débordant.

Par quoi doit-on commencer?

Prenez une pyramide. Cela peut paraître évident mais, avant de commencer, vous devez savoir exactement le genre d'expérience que vous voulez réaliser et vous rappeler qu'il existe un grand choix de formes, de matériaux et de types de construction (pyramides «structures» ou à côtés pleins). Vous voudrez sans doute commencer par quelque chose de petit et de simple. Si c'est votre première expérience, je vous conseillerai une pyramide en carton de 15 cm de haut. Vous pourrez faire de très nombreux tests, jusqu'à ce que vous ressentiez le besoin de travailler sur des modèles plus sophistiqués, plus grands et/ou plus coûteux.

Que se passe-t-il ensuite?

Prenez un cahier. Les cahiers à spirale sont très bien, mais vous préférerez peut-être travailler avec des feuilles volantes qui facilitent la photocopie. Vous noterez dans ce cahier les résultats de vos recherches. Mieux il sera organisé, mieux vous pourrez reproduire, modifier les expériences et vous y référer.

En haut de la première page, indiquez la date et le numéro de votre première expérience. Il est souhaitable de numéroter toutes vos expériences, en allant de «1» à l'infini, mais si vous pensez utiliser plusieurs types de pyramides, vous devrez établi un code qui vous permettra de vous y référer facilement. Vous pourrez par exemple numéroter les expériences faites avec votre pyramide de carton de 15 cm en inscrivant PC15/1, PC15/2, PC15/3 etc., et celles faites avec une structure d'aluminium de 30 cm en inscrivant SA30/1, SA30/2, etc.

Ensuite, intitulez la colonne suivante «Objectifs» et notez les raisons pour lesquelles vous faites cette expérience. Il peut s'agit de vérifier l'action de l'énergie sur les lames de rasoir, ou sur la conservation des fruits. Vous pouvez également tester les effets obtenus en déplaçant la pyramide du pôle magnétique. Dans tous les cas, mentionnez clairement vos raisons, pour ne pas perdre de vue votre but final.

Intitulez la section suivante «Matériaux» et dressez-y la liste de ce que vous utiliserez pour l'expérience, en étant aussi précis que possible. Un exemple type de liste serait: «un modèle Cheops de 15 cm; une lame Gillette bleue; un support en plastique de 6 cm». Vous devrez aussi inscrire les matériaux qui serviront à faire des comparaisons, comme une deuxième lame. Si vous testez des liquides à goûter, faites la liste de leur origine (eau du robinet, orangeade, scotch), et notez la température. La plupart du temps, il suffira d'inscrire simplement chaud, tiède, frais, ou froid. Il est important de le noter, car la température peut modifier le goût.

Intitulez la section suivante «Processus». C'est ici que vous décrirez comment vous conduisez l'expérience. Par exemple, vous pourriez inscrire qu'après vous être rasé, vous placerez une lame à l'intérieur de la pyramide au-dessus du support, que vous orienterez la lame nord-sud, que vous la laisserez là pendant 24 heures avant d'en refaire l'essai sur votre barbe, et que vous continuerez l'expérience pendant trois semaines. Il est très important que cette section soit bien détaillée car, en la consultant, vous trouverez d'autres idées pour de nouvelles expériences; elle vous permettra peut-être de découvrir vos erreurs en cas d'échec.

Je vous conseille d'inclure une autre section qui peut être placée soit avant soit après celle du processus et que vous intitulerez «Environnement». On dirait presque que les pyramides ont mauvais caractère; il leur arrive de ne donner aucun des résultats escomptés, alors qu'on croit avoir tout fait correctement. Karl Drbal écrivait: «ces vingt-cinq dernières années ont été pour moi une longue séquence expérimentale qui m'a parfois renseigné, par des changements inattendus de la finesse de la lame, sur certaines perturbations météorologiques ou cosmiques... il m'est souvent arrivé d'obtenir un jour un mauvais rasage, et de constater avec surprise que celui du lendemain était excellent, sans avoir changé de lame». J'ai moi aussi reproduit cette expérience dans des notes de recherche prises au tout début, avant même de connaître l'oeuvre de Drbal en détail. Vous pourrez donc noter, sous la rubrique «Environnement» les conditions atmosphériques, le moment de la journée et, si possible, la position de la lune, et l'action du soleil. De plus, notez l'endroit où vous faites l'expérience, le genre de surface utilisé et si le test se trouve près d'appareils électriques. Le fait que des appareils électriques aient des effets sur les pyramides est très controversé. Votre recherche permettra peut-être d'établir quelques faits.

Votre dernière section s'intitule «Résultats». C'est là que vous inscrivez ce qui s'est passé au cours de l'expérience. Soyez aussi objectif que possible. Contentez-vous d'écrire les résultats tels qu'ils vous apparaissent. Ne faites aucun changement, et ne tirez aucune conclusion. Si votre expérience est en cours, notez les résultats en termes de date et/ou de temps.

Enfin, vous pouvez faire une autre section qui s'appellera «Conclusions». Ce sont les conclusions que vous aurez tirées de votre expérience. Vous pourrez écrire, par exemple, que «la pyramide aiguise vraiment les lames» ou que «le test du goût n'était pas concluant, je devrai essayer à nouveau à une température différente». En d'autres termes, il s'agit ici d'un résumé de vos idées, réflexions, critiques, et recommandations. Cette section constituera une source précieuse pour de futures expériences.

Il est bien sûr impossible de savoir à l'avance combien de place prendront vos notes. Cela dépend des détails que vous voulez indiquer, de la portée et de la durée de l'expérience. Dans certains cas, j'ai trois expériences par page, alors que dans d'autres, une seule expérience peut prendre au moins cinq pages. Il existe deux facteurs importants qui aident à déterminer le degré de complexité possible d'une expérience. Ce sont les «contrôles» et les «variables».

Pouvez-vous en donner la définition?

Un contrôle est un peu comme une deuxième expérience qui se déroule en même temps qu'une autre, mais dans des conditions différentes. Disons par exemple que vous voulez tester le changement d'un verre d'eau du robinet placé sous une pyramide pendant cinq minutes. Vous pouvez commencer par goûter l'eau, puis y goûter une nouvelle fois après son séjour sous la pyramide, mais vous risquez d'avoir oublié le goût qu'elle avait en premier. Il convient donc de se servir d'un contrôle, c'est-à-dire d'un deuxième verre d'eau pris en même temps que le premier verre «test», qui est resté sous la pyramide. Vous voyez donc que le contrôle est la même expérience où tout est pareil *excepté* la chose que vous voulez tester. Ceci vous aide à décider si l'élément que vous testez a certains effets ou non. Si votre expérience est basée sur une pyramide, votre contrôle pourrait être une autre pyramide, à la condition de la déplacer de 45 degrés. Grâce à ce déplacement, vous sauriez si le pôle magnétique a les effets qui lui sont imputés. Quand vous vous servez des contrôles, veillez à n'introduire aucun facteur qui rendrait l'expérience inutile. Un verre d'eau glacée serait un mauvais contrôle pour un verre «test» d'eau fraîchement tirée du robinet. De la même manière, une pyramide en carton ne devrait pas servir de contrôle pour une pyramide en aluminium si le but de l'expérience est de vérifier l'effet du pôle magnétique, et non pas l'effet des différents matériaux. Le contrôle doit donc être aussi identique au test que possible pour donner quelque valeur à votre expérience.

Notez également que les expériences sous contrôle sont beaucoup plus respectées. On peut dans certains cas faire le «test» et le «contrôle» à différents moments. Vous pouvez essayer une lame bleue pour déter-miner combien de fois vous pourrez l'utiliser, et ensuite une lame bleue qui a séjourné sous une pyramide entre les rasages successifs, pour comparer. Vos seules variables sont des forces extérieures qui peuvent changer d'un jour à l'autre.

Pouvez-vous expliquer ce qu'est une variable?

Dans une expérience, on appelle variable tout ce qui change ou est changé. C'est le contraire d'une «constante» qui, comme son nom l'in-dique, ne varie jamais. La température peut être une variable si votre contrôle est un verre d'eau laissé dehors en hiver, alors que votre verre test est placé sous une pyramide à proximité d'un radiateur. Vous devrez alors tenir compte de l'effet de la température au moment de l'évaluation des résultats de l'expérience. Si les verres sont identiques, le verre serait votre constante, facteur qui n'aurait pas à entrer en ligne de compte jusqu'à ce que vous essayiez un autre type de verre qui de-viendrait à ce moment une variable. Si vous utilisez des lames bleues pour une expérience, le type de lame est une constante, mais si vous prenez une lame bleue pour le test et de l'acier inoxydable pour le con-trôle, le type de lame est une variable. Un scientifique pourrait dire que les résultats auraient plus à voir avec le type de lame utilisé qu'avec le fait qu'une pyramide la recouvrait. Le seul moyen d'obtenir une expérience bien contrôlée est de réduire les variables à un minimum. C'est souvent difficile à réaliser chez soi. Qu'une personne ou un animal dérange une partie de votre expérience en cours de route, cela devient une variable dont il faudra tenir compte au moment de vos conclusions.

Les variables sont vraiment empoisonnantes quand on fait des expériences avec des personnes, parce que celles-ci sont variables en elles-mêmes et dans leurs rapports avec les autres. La barbe d'un hom-me pousse à des vitesses différentes sur une période d'un mois; suivre un régime peut affecter les sécrétions de la peau, ce qui modifiera l'ac-tion de la lame; toutes ces variables devront être prises en considéra-tion. Le sens du goût varie énormément d'une personne à l'autre, et spécialement entre fumeurs et non fumeurs; ce sont là des facteurs qui affectent toute conclusion que vous pourriez tirer après un test de goût. Il existe deux façons de contourner cette difficulté. L'une consiste à allonger le temps de l'expérience, de sorte que les variables s'éliminent d'elles-mêmes. Une expérience de deux semaines avec une lame de rasoir n'est pas aussi valable qu'une autre de quatre mois.

Une lame traitée sous une pyramide donne souvent 120 rasages, mais essayez d'obtenir la même chose ou presque sans pyramide. Il est vrai qu'une personne, de par la nature de sa peau et de sa barbe, se rasera 50 fois avec la même lame bleue, alors qu'une autre le fera seulement 90, mais si l'on compare ces chiffres au taux moyen de 7 à 10 fois, ils sont très significatifs.

Un autre truc pour réduire l'importance des variables est de multiplier le nombre des sujets du test. Faire le test du goût avec deux personnes n'est guère convaincant, mais si elles sont vingt-cinq, cinquante ou cent à le faire, et que 75 pour cent rapportent une différence de goût, vous pouvez alors être plus sûr de vos résultats.

Nous avons entendu parler d'un test «aveugle». Qu'est-ce que c'est?

C'est un test dans lequel le sujet, qui est la personne se prêtant à l'expérience, ne sait pas ce qu'est le test et ce qui est le contrôle. Si vous faites le test du goût, et que vous désirez effectuer un test «aveugle», placez le sujet dans une autre pièce, et apportez-lui le verre contrôle et le verre test sans lui dire lequel est lequel: la réaction du sujet est alors plus valable car il n'a pas d'idées préconçues sur la façon dont il est censé réagir.

Un test «croisé» est-il la même chose?

Non, un test croisé est conçu afin d'éliminer la possibilité que l'expérimentateur influence inconsciemment le sujet, en lui présentant un verre avec un peu plus d'insistance qu'un autre, ou en semblant attendre plus longtemps sa réaction au verre test. Les scientifiques qui ont mis au moins ce test craignaient que le sujet essaie de plaire à l'expérimentateur, sans même en avoir conscience. Dans le cas qui nous occupe, l'expérimentateur n'en sait pas plus que le sujet. Il a recours à une troisième personne. Vous pouvez faire ce test chez vous dans trois pièces. Dans la première, vous placez la pyramide qui recouvre le verre d'eau, et le verre de contrôle. Vous emportez ensuite les deux verres dans la deuxième pièce et les laissez là tandis que vous retournez dans la première pièce. Il est bien entendu que vous avez marqué les verres au préalable d'une façon que vous seul pouvez reconnaître. Ensuite votre tante Anna prend les verres dans la deuxième pièce et les apporte à l'oncle Louis (le sujet) qui se trouve dans la troisième pièce. Anna prend note des réactions de Louis, puis vous appelle. Vous vous exclamez alors «Je vous l'avais bien dit!» ou bien vous êtes déçu, et vous vous remettez à la tâche.

À part nous prouver certaines choses, à quoi d'autre peuvent servir les expériences?

À bien d'autres choses! Vous ne vous contenterez pas de refaire ce que d'autres ont déjà fait, aussi passionnant que cela puisse être. Le domaine de l'énergie des pyramides est tellement récent qu'il est ouvert à toutes les nouvelles idées, et à tous les types de tests. Vous pouvez, par votre travail à la maison, découvrir quelque chose qui est passé inaperçu. Au Japon, un astronome amateur a découvert à l'aide d'un petit télescope une comète que les centaines de professionnels du monde entier ont manquée, malgré un équipement des plus perfectionnés. Sans oublier que l'on observe le ciel depuis des siècles. Presque chaque mois, je reçois une lettre remplie de nouvelles découvertes au sujet des pyramides, et chaque semaine, on m'envoie des idées d'expériences que je n'ai malheureusement pas le temps de tenter. Il y a donc une somme de connaissances, et plus le nombre des chercheurs augmentera, plus tôt nous pourrons appliquer efficacement ces données, sans oublier que les erreurs peuvent apporter des renseignements et des utilisations nouvelles.

Que pensez-vous des gens qui refusent encore de vous croire même une fois que la preuve est faite?

Faire des expériences vous permet de discuter de l'énergie des pyramides avec plus de confiance. Il ne faut toutefois pas essayer de convaincre des murs. Vous rencontrerez quatre types de gens, exception faite de ceux qui ont fait les expériences comme vous. Ce sont: ceux qui croient n'importe quoi, sans faire aucune vérification. Ils sont assommants. Viennent ensuite les sceptiques «ouverts», qui sont les meilleurs du lot. La science du XIXᵉ siècle qui leur a été enseignée à l'école (et qui l'est encore) ne les a pas préparés à accepter qu'un morceau de carton puisse présenter des propriétés normalement incompatibles avec du carton, mais ils acceptent les démonstrations. Ils vous poseront des questions très précises. Vous devrez connaître votre sujet à fond, et admettre honnêtement vos limites. Toutefois, s'ils constatent par eux-mêmes que les effets sont réels, ils n'auront pas peur de l'admettre. En troisième position viennent les têtes dures. Pour eux, est faux, idiot et certainement dangereux tout ce qui dépasse leurs connaissances. Ils vous taperont sur les nerfs, et je vous conseille de les éviter. Les derniers sont les pseudo-intellectuels. Ils saperont votre confiance en citant une douzaine de théories disant que les pyramides n'ont aucun effet, ou que les effets sont dus à quelque chose d'autre. Remarquez qu'ils ne feront aucune expérience, parce que cela pourrait déranger leurs théories.

Faites donc vos propres expériences, tirez-en vos conclusions, comparez-les à d'autres et, pendant que les croyants inconditionnels font des Oh! et des Ah!, que les têtes dures s'enfuient, que les pseudo-intellectuels vous regardent de haut, servez-vous de l'énergie pour votre propre bénéfice.

4   Les pyramides et les plantes

Nous entrons maintenant dans le vif du sujet. Ce chapitre est consacré aux effets des pyramides sur les plantes, et vous donnera les directives nécessaires pour préparer vos expériences. Allons-y pour les questions!

Quels sont les effets des pyramides sur les plantes?

C'est une question importante, mais on peut dire, en généralisant, que dans certains cas, les pyramides favorisent ou stimulent la germination des graines et la croissance et les retardent dans d'autres. Elles peuvent également modifier la direction future d'une plante, sa croissance, et tantôt augmenter la production, tantôt la diminuer.

Cela paraît contradictoire. Nous croyions que les pyramides faisaient seulement du bien aux plantes.

On raconte beaucoup de choses sur les pyramides et l'on pourrait croire qu'elles sont la réponse à tous les maux de l'humanité, ou qu'elles ne font que du bien aux gens et aux plantes. La vérité est tout autre. Pour utiliser un terme pratique, je dirais que les pyramides «génèrent» de l'énergie, et c'est tout. Dans le cas des plantes, il se peut qu'une pyramide en génère assez, insuffisamment, ou trop. Vous voyez, les plantes ne réagissent pas toutes de la même façon, selon leur espèce et leur taille. Certaines peuvent et doivent absorber beaucoup d'énergie, alors que d'autres sont facilement surchargées. En général, plus la plante est grosse, plus elle peut recevoir d'énergie.

Comment savoir quelle quantité donner?

En essayant. Il faut tester chaque plante pour connaître son seuil de tolérance. Il est possible de voir deux plantes d'une même espèce réagir différemment, quoique leur niveau de tolérance soit généralement identique. En fait, le nombre d'expériences faites à ce sujet est nettement insuffisant pour nous permettre de donner une réponse solide. Je vous conseille de commencer par de petites doses d'énergie, que vous augmenterez jusqu'à un résultat optimum. Il serait absurde de brûler votre bégonia préféré avant de commencer.

Qu'entendez-vous par une «dose d'énergie»?

En l'absence de mesure standard concernant l'intensité de l'énergie, nous devons définir la «dose» en termes de «temps d'exposition». Autrement dit, le temps de traitement peut varier entre 5, 10, 30 minutes ou plus. Tant que la source d'énergie est constante, vous avez une façon de mesurer la dose suffisamment stable. Vous pouvez commencer par une dose de cinq minutes, ou faire comme vous l'entendez.

Peut-on vraiment brûler une plante?

Oui. En tous cas, c'est ce qui semble être le cas. C'est un résultat de dose trop forte. Une dose qui ne dépasserait qu'un peu la normale fait faner la plante. Et ceci peut se produire entre 1 heure et 12 heures après le traitement. Le deuxième stade de surexposition — c'est-à-dire lorsque la plante est plus que fanée — est un brunissement du sommet, qui descend jusqu'à la tige. Il s'agit évidemment d'un extrême. Mais ceci arrive peu dans la pratique, sauf si on laisse une plante faible recevoir trop d'énergie pendant trop longtemps. Rappelez-vous qu'une dose trop élevée d'énergie n'est pas nécessairement fatale à la plante. Elle récupérera souvent si on l'enlève du champ d'énergie.

Comment applique-t-on l'énergie à la plante?

Le plus simple est de la placer sous une pyramide. Plus la plante est grande, plus la pyramide doit être grande, et moins vous l'exposerez, jusqu'à ce que vous trouviez le temps qui convient le mieux. Une structure pyramidale en fer ou en bois vous permettra d'expérimenter avec beaucoup plus de plantes de différentes tailles, car il n'importe nullement que les branches ou les feuilles dépassent des côtés. Si votre pyramide a des côtés solides, suspendez-là au-dessus de la plante. De cette façon, une petite pyramide haute de 15 cm par exemple suffira pratiquement à tous vos besoins.

Existe-t-il des matériaux préférables à d'autres pour traiter les plantes?

Nous n'avons pas assez de renseignements pour être absolument certains mais, selon moi, j'ai tendance à croire que les pyramides faites de matériaux organiques provoquent de meilleures réactions chez les plantes. Cela inclut le carton, le bois et le plastique. Les pyramides en métal semblent trop puissantes, bien qu'elles servent souvent. La différence est subtile et relève davantage de l'intuition que de faits établis. N'oublions pas que nous sommes dans le domaine de l'énergie vitale et que l'intuition est importante. Toutefois, je ne tiens pas à décourager ceux qui ont envie du métal. Faites vos essais, et tirez votre conclusion.

Que pensez-vous des serres en pyramide?

À condition de choisir les espèces adéquates, je crois que les serres pyramidales sont fantastiques pour les plantes. À vous de découvrir quelles plantes s'acclimatent le mieux en essayant, et en vous trompant, car il existe des plantes qui ne supportent pas l'influx constant d'énergie. Toutefois, vous pouvez vous servir de la serre en question pour soigner les plantes, que vous placerez sous la pyramide temporairement, pour les revigorer.

Faut-il toujours placer des plantes sous une pyramide pour les soigner?

Dans ce domaine, il n'y a rien qu'il faille faire absolument. Restez souples. Une autre méthode pour les soigner est de les placer au-dessus d'une pyramide. Souvenez-vous de la grille dont nous parlions au chapitre 1. Vous pouvez placer votre plante sur une grille de pyramide, ou sur un banc situé au-dessus d'une pyramide plus grande, et obtenir encore de bons résultats. Ceci constitue un bon terrain de recherche, car jusqu'à présent, on n'a fait que très peu de tests contrôlés. Lorsque la plante est au-dessus d'une pyramide, ses racines reçoivent la dose première d'énergie, et il serait très intéressant de voir si cette méthode a de meilleurs effets que la méthode inverse. Il faut aussi remarquer que le matériau et l'épaisseur du banc ou du pot utilisés jouent probablement un rôle d'importance dans les effets de l'énergie.

Vous avez dit qu'une pyramide pouvait être suspendue au-dessus d'une plante. À quelle hauteur?

Je suggère que vous preniez comme mesure la hauteur minimum à laquelle une extension invisible couvrirait encore la plus grande partie de la plante (voir fig. 6). Vous vous souvenez qu'une pyramide suspendue semble agir comme le sommet d'une pyramide plus grande, avec les effets de l'énergie à l'intérieur de la surface invisible. Mais tandis que cette «pyramide invisible» s'agrandit au fur et à mesure que

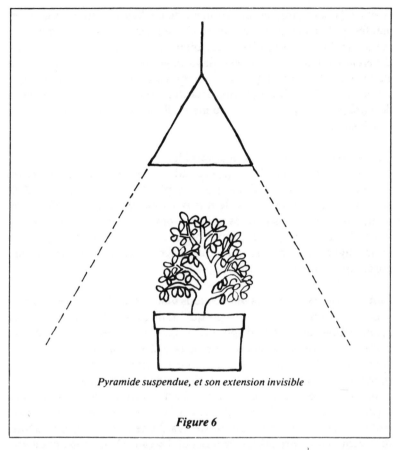

Pyramide suspendue, et son extension invisible

Figure 6

vous élevez la pyramide elle-même, il ne s'ensuit pas que l'apport d'énergie augmente lui aussi comme ce serait le cas avec une pyramide plus grande. Le fait est que l'apport diminue, jusqu'à disparition des effets. C'est vraiment regrettable, car en cas contraire nous pourrions suspendre une pyramide au bout d'un satellite, et soigner la terre tout entière. Dommage. De toutes façons, tenez-vous en à la hauteur minimum possible pour obtenir les meilleurs résultats.

Est-ce qu'une pyramide en verre ferait une bonne serre?

Les pyramides en verre fonctionnent. J'ai moi-même eu l'occasion de voir des plantes y prospérer. Cela ne correspond pas exactement à ma théorie sur les matériaux organiques, mais puisque ça marche, c'est sans importance. Toutefois, j'aimerais voir des essais comparatifs de serres pyramidales en verre et en plastique. Si vous décidez de faire ces expériences, assurez-vous que votre plastique bloque la radiation des ultra-violets de la même façon que le fait le verre.

Existe-t-il une façon de soigner plusieurs plantes à la fois sans pour autant construire une serre ou suspendre une pyramide au-dessus de chaque plante?

Bien sûr! Il existe deux autres bonnes façons de le faire. Dans l'une, on profite du fait que le champ d'énergie d'une pyramide ne se trouve pas seulement à l'intérieur, mais également à l'extérieur. Ce qui veut dire qu'il est possible de placer une petite pyramide au-dessus d'un groupe de plantes, et que celles qui en sont le plus près recevront un peu d'énergie. Il est bien évident que plus la pyramide est petite, plus le champ extérieur est petit. Vous pourrez donc soit utiliser deux pyramides assez grandes, ou plusieurs petites, suivant le nombre et la disposition des plantes que vous voulez traiter. De façon *très* générale, disons qu'un champ efficace s'étend de 15 à 30 cm autour d'une pyramide de 10 cm de hauteur. Le champ entourant la pyramide étant moins intense que celui de l'intérieur, vous vous apercevrez peut-être que les pyramides peuvent rester en place sans pour autant surexposer les plantes. Ce n'est qu'en essayant que vous pourrez en être certain.

L'autre méthode consiste à traiter de l'eau sous une pyramide et à l'utiliser pour vos plantes. L'eau semble absorber l'énergie à un degré élevé, et donc à se «charger» si l'on peut dire. De nombreux chercheurs estiment que l'utilisation de l'eau traitée de cette façon donne pratiquement les mêmes résultats qu'une pyramide au-dessus d'une plante. Outre son côté pratique, cette méthode a aussi l'avantage d'annuler presque complètement les dangers de doses trop fortes. Il semble que l'eau n'absorbe qu'une certaine quantité d'énergie, qu'elle conserve pendant une période indéfinie. Ainsi l'eau s'avère être un bon moyen pour transférer l'énergie à une plante, ou même un jardin dans les cas où le traitement direct n'est pas applicable.

Pendant combien de temps faut-il laisser l'eau sous la pyramide pour qu'elle soit complètement chargée?

Les rapports diffèrent, mais disons qu'en général je la laisse 15 minutes pour une quantité de 250 ml, ce qui fait une demi-heure par 500 ml et une heure par litre. Il s'agit ici de durées *approximatives* qui ont donné de bons résultats mais il n'existe pas de loi. Il se peut que le temps de charge soit très inférieur à ces chiffres. En résumé, les temps donnés sont efficaces. Vous ne trouverez probablement aucun avantage à laisser l'eau se charger plus longtemps. Après traitement, vous pouvez conserver l'eau sans qu'elle perde sa charge.

Si les pyramides sont aussi bonnes pour les plantes, comment expliquer que les fermiers ne se jettent pas dessus, n'en construisent pas pour leurs champs et ne traitent pas leur eau d'irrigation avec?

En premier lieu, il faut admettre que ce domaine est très récent, que les rapports adéquats sont très rares et que les fermiers sont les gens les plus traditionalistes que je connaisse (et ils ont bien raison). Construire de grandes pyramides et installer des systèmes pour traiter l'eau d'irrigation reviendrait très cher. Si j'étais un fermier, il me faudrait certainement beaucoup plus de preuves sur l'efficacité de ces méthodes. Il est encourageant de savoir que certains rapportent un taux de production très élevé dans certains projets de récolte réalisés sur une grande échelle. Je n'ai toutefois pas eu de renseignements détaillés concernant la façon dont furent conduites ces expériences. Si j'étais fermier, je voudrais voir des rapports aussi complets que possible et des vérifications indépendantes répétées de nombreuses fois avant d'investir du temps et de l'argent dans un tel projet. Il doit être possible de faire ces vérifications et ces rapports dans des fermes expérimentales dirigées par des écoles d'agronomie, et je crois que les fermiers s'y intéresseraient si un nombre suffisant de chercheurs amateurs leur présentaient des résultats positifs étayés par des données bien classées.

Quel est le pourcentage de croissance des plantes ou d'augmentation des récoltes dû aux pyramides?

Il m'est impossible de vous donner une réponse claire, parce que les variables sont trop nombreuses. Par exemple, cela dépend du genre de plantes utilisées, de la durée de l'intensité et de la forme du traitement, des conditions climatiques et du sol, etc. Les rapports que j'ai vus indiquent un pourcentage variant de 5 à 300 pour cent, mais le manque de renseignements sur les conditions des expériences nous empêche de les évaluer correctement.

Quel est le rôle de l'énergie des pyramides sur les graines?

Ce que l'on entend le plus souvent dire, c'est que les graines traitées germent plus vite et donnent des plantes plus grandes et en meilleure santé. D'un autre côté, on dit aussi que les graines germent plus lentement, et produisent des plantes naines. Le facteur critique est la durée du traitement. Il faut également tenir compte de l'intensité du champ énergétique et du type de graine utilisée. Une dose trop forte d'énergie ne donnera pas grand résultat. Mais il se peut aussi que les graines restent fertiles beaucoup plus longtemps que la normale, et qu'après un certain laps de temps, les graines utilisées en dernier produisent plus que les premières.

Est-il exact qu'une pyramide peut conserver des fleurs coupées?

Oui, d'une certaine façon. Il arrivera que la fleur tendra à se momifier. Elle garde sa forme et sa texture, et les pétales restent plus longtemps qu'à l'accoutumée, mais elle perd sa couleur et devient plus foncée si on la laisse longtemps sous la pyramide. Il suffit cependant d'un court traitement pour que vos fleurs restent fraîches plus longtemps. Vous obtiendrez probablement de meilleurs résultats si vous mettez vos fleurs coupées dans un verre ou un vase d'eau. Les fleurs coupées durent normalement plus longtemps si on les met dans l'eau, et une eau chargée d'énergie vous permettra de les garder encore plus longtemps. Vous remarquerez également que l'eau n'a pas l'odeur désagréable de pourriture que dégage toute eau non traitée placée dans les mêmes conditions.

Peut-on utiliser les pyramides pour faire germer des pousses?

Voilà la façon la plus pratique et la plus agréable d'utiliser la pyramide. Un chercheur de ma connaissance déclare qu'il a constaté une augmentation de 400 à 420 grammes dans sa récolte traitée sous une pyramide. De nombreux autres chercheurs rapportent que les germes poussent plus vite et plus abondamment, qu'ils ont meilleur goût, qu'il y a moins de perte due au pourrissement, et que la conservation est plus longue.

Si ce processus ne vous est pas familier, disons qu'il s'agit de faire germer des graines comme par exemple des lentilles, des graines de soja, de tournesol ou d'alfalfa. Les pousses accompagnent ou remplacent les salades lorsqu'elles atteignent quelques centimètres de haut. À ce stade, elles sont très nourrissantes. Le gros avantage est aussi qu'elles ne coûtent pas cher et qu'il suffit, pour les faire pousser, d'un pot et d'un peu d'eau. Au bout de trois jours environ, vous avez une belle récolte de légumes frais. La simplicité du processus ainsi que la courte durée de croissance en font des sujets idéaux pour l'expérimentation de la pyramide. Vous pouvez soit essayer de traiter les graines, l'eau ou les pots pendant la période de pousse. Un grand nombre de magasins d'aliments naturels vendent des livres et des accessoires pour la germination des pousses. Afin de garantir un bon contrôle de l'expérience, vous pèserez les graines servant à chaque groupe expérimental.

La pyramide peut-elle éloigner les insectes des plantes?

On raconte beaucoup de *lalau* à ce sujet (c'est un terme hawaïen pour décrire la stupidité, les quiproquos et la déception). Certains prétendent que les insectes ont des vibrations tellement basses qu'ils ne peuvent supporter les vibrations plus élevées de l'énergie des pyramides. C'est un exemple-type de ce qui se produit lorsqu'on préfère ignorer les faits pour conserver une théorie. Les défenseurs de cette théorie n'ont évidemment pas fait de recherche sérieuse car les faits indiquent que certains insectes semblent tirer profit de l'énergie, tandis que d'autres y restent indifférents. Ils ont la même gamme de réactions que les humains. Voici quelques exemples.

Au cours d'une expérience, on coupa des raisins en deux. On plaça la moitié des fruits dans un bol sous une pyramide et on laissa l'autre moitié dans un bol à l'air libre. En 24 heures, les raisins du premier bol étaient remplis de petites mouches, alors que l'autre bol restait intouché.

Je fis une autre expérience à ce sujet parce que mon papyrus attirait une colonie d'aphides. Je plaçai la plante sous un champ très chargé d'énergie pendant plusieurs jours. Les deux premiers jours, les aphides me semblèrent moins nombreuses, et celles qui restaient étaient immobilisées. Mais par la suite, elles revinrent en force, et ne disparurent pas malgré la continuation du traitement.

D'un autre côté, certains faits *semblent* indiquer que l'énergie n'est pas favorable aux cafards. Ceci est basé sur des expériences personnelles, ainsi que sur des rapports extérieurs, mais je tiens à préciser que nous sommes en pleine spéculation et qu'aucune expérience contrôlée n'a encore été menée.

Une recherche récente sur les plantes montre que plus la plante est en bonne santé moins elle se fait envahir par les insectes. On peut donc dire que l'énergie des pyramides améliore effectivement l'état des plantes, et qu'en soi elle devrait réduire les ennuis causés par les insectes. Toutefois, on a aussi démontré que les plantes ont une vie émotive comparable à celle des humains. Des chocs émotifs peuvent affaiblir une plante ou un humain, qui deviennent alors plus vulnérables aux maladies ou aux parasites, indépendamment de leur état de santé. Il est donc bien possible que mon papyrus soit dérangé par quelque chose. Il faudra que je lui parle.

Y a-t-il une façon de faire passer l'énergie d'un endroit à un autre sans utiliser l'eau?

Oui, c'est possible. Dans le premier chapitre, je vous ai parlé des rayons d'énergie s'échappant du sommet et des coins et de certains aspects de l'énergie similaires à ceux de l'électricité. Plusieurs chercheurs se sont servis de ces données pour tirer de l'énergie de la pyramide et l'utiliser dans un autre endroit. Habituellement, on prend l'énergie au sommet, mais on rapporte qu'il est aussi satisfaisant de la prendre des coins de la base.

La plupart du temps, on procède en attachant un fil de fer au sommet ou au coin et en connectant l'autre extrémité à une plaque de métal ou à un câble. Un fil de cuivre est l'idéal parce qu'il est un bon conducteur électrique. Toutefois, l'énergie des pyramides se soucie peu des lois de l'électricité, car nous nous sommes aperçus qu'une ficelle ordinaire conduisait aussi l'énergie. Mais le cuivre semble tout de même amplifier le potentiel de l'énergie, et il devient alors très facile de surexposer la plante. On sait depuis longtemps qu'une façon rapide de tuer un arbre est d'enfoncer des clous de cuivre dans le tronc. Je conseillerai donc d'employer le cuivre judicieusement avec les plantes.

A-t-on employé cette technique avec des plantes?

Oui, et les résultats sont très intéressants. Au cours d'une expérience, on a attaché un fil de cuivre à une pyramide située à une extrémité du jardin, puis on a fait courir le fil à quelques centimètres sous terre, et on l'a relié à une autre pyramide située à l'autre extrémité du jardin. On a ensuite planté des graines de radis au-dessus du fil de cuivre, une rangée de contrôle étant ensemencée à quelques pas de la première. À la surprise du chercheur, les plantes qui se trouvaient au-dessus du fil de cuivre poussèrent médiocrement, soit en ne germant pas, soit en fanant. Le rang de contrôle réussit très bien. Je crois qu'il s'agit ici des effets d'une surexposition.

Dans une deuxième expérience, on a utilisé une pyramide placée à l'extérieur, et un fil conduisant à un sous-sol. On l'a attaché là à une plaque de métal coincée dans un pot où se trouvait une plante. Des plantes de contrôle ont également été employées. Selon le rapport, les plantes de contrôle étaient blanches et en piètre forme, tandis que la plante traitée était en bonne santé et *verte*, comme si la photosynthèse avait eu lieu en l'absence de soleil. Je dois ajouter en toute justice que je n'ai pas vu de rapports complets à ce sujet, et que j'ignore si l'expérience a été répétée. À vous de le confirmer!

Pourriez-vous décrire une expérience simple à la portée de tous?

Certainement. En voici une qui ne devrait pas poser de problème. Prenez un paquet de graines de radis. J'ai choisi des radis parce qu'ils poussent très vite. Utilisez la moitié des graines pour le test, et l'autre moitié pour le contrôle. Vous avez besoin de deux plateaux, ou de deux plaques en bois de 65 cm sur 43 cm. Il est secondaire d'avoir des mesures précises, du moment qu'elles sont identiques pour les deux plateaux qui doivent être faits du même matériau. Préparez une quantité de terre suffisante pour les deux récipients, mélangez-la bien et également. Éloignez-les l'un de l'autre le plus possible, tout en veillant à ce qu'ils reçoivent la même quantité de soleil, de circulation d'air, et de tout autre facteur ambiant. Séparez-les d'au moins 2 mètres, ce qui devrait empêcher tout phénomène d'écoulement du champ de la pyramide. Afin de limiter les variables possibles, alignez les deux plateaux avec la longueur axée sur le pôle magnétique.

Placez une pyramide de votre choix au-dessus du premier bac. Une pyramide «structure», qui recouvre tout le plateau, ou une petite pyramide à base ouverte suspendue à un croisillon et placée au-dessus du plateau constituent les choix les meilleurs. Il est bien évident qu'il faut parfaitement aligner les pyramides. Tracez ensuite les rangs et plantez un nombre égal de graines dans chaque plateau. Mesurez l'eau d'arrosage pour être sûr que la répartition est égale. Dans votre cahier, inscrivez méticuleusement tout ce que vous faites, et notez les résultats quotidiens à heure fixe, même si rien ne semble se produire. N'oubliez pas de marquer la température et le climat au moment où vous commencez l'expérience.

A vous de décider de la durée de l'expérience. Peut-être voudrez vous seulement observer le temps que prennent les plantes à sortir de terre. Vous pourrez aussi vous donner plusieurs jours pour vérifier s'il y a une différence de croissance entre les deux plantations. Enfin, vous attendrez peut-être que les radis soient mûrs pour tester leur goût, leur taille, leur quantité et leur poids.

Voici une autre expérience qui prend moins de place, car la distance entre les plateaux est moins grande. Vous pouvez simplement traiter les graines ou l'eau. Dans le premier cas, donnez aux graines une charge de 24 heures avant de les planter, en ne touchant pas aux graines de contrôle, bien entendu. Pourquoi 24 heures? Parce que c'est un bon chiffre arbitraire, facile à contrôler, et suffisant pour bien charger vos graines. Toutefois, vous êtes libres de prendre un autre chiffre. Dans le deuxième cas, prenez une quantité égale d'eau pour le contrôle, et laissez l'autre quantité pendant une durée identique sous une pyramide.

Faire une expérience une seule fois ne prouve pas grand chose aux sceptiques qui peuvent toujours dire qu'il s'agit d'une coïncidence. Ainsi, plus vous répéterez vos expériences, mieux ce sera. Vous voulez probablement prouver les effets de l'énergie des pyramides plus à vous-même et à vos amis qu'au monde scientifique. Je vous suggère de recommencer la même expérience au moins trois fois, ce qui donnera du poids à vos résultats. *Ensuite,* vous pourrez rendre aux gens un grand service en tapant vos notes, en les publiant vous-même, ou en les envoyant à quelqu'un qui s'en servira pour ses recherches (moi, en l'occurrence!). Que vous puissiez ou non y consacrer beaucoup de temps, j'espère que vous pourrez faire des expériences. Car de ces recherches découlent la connaissance et les améliorations.

Pouvez-vous nous donner d'autres genres d'expériences à faire?

Je n'entrerai pas dans les détails, mais je peux vous donner quelques idées stimulantes. Faites un essai en prenant deux plateaux de radis couverts par une pyramide; l'un des plateaux a sa longueur axée nord-sud, tandis que l'autre est axé est-ouest. Recommencez l'expérience avec une pyramide alignée, et l'autre pas. Expérimentez les avantages de l'énergie directe comparée à l'eau traitée. Si vous possédez quelque talent d'électricien, peut-être essaierez-vous les réactions galvaniques des plantes recouvertes ou non d'une pyramide. Ou encore faites des tests de photographie Kirlian sur les feuilles de plantes traitées et non traitées. On rapporte que l'électro-photographie indique une augmentation dans la taille de la couronne lorsqu'on place une feuille coupée sous une pyramide. Vous trouverez sans doute amusant de comparer la sensibilité des graines à l'énergie des pyramides, en prenant par exemple des radis contre des laitues, etc. À vous de compléter la liste des graines.

DÉPANNAGE

Il vous arrivera de voir une expérience échouer, tout en pensant avoir tout fait correctement. Je ne veux pas dire que vous êtes forcément déçu par rapport à vos attentes, — la nature est pleine de surprises — mais plutôt que vous n'obtenez pas de résultats comparatifs. Vous trouverez ci-dessous une liste de problèmes possibles et de leurs causes probables.

Les plantes placées sous la pyramide ont fané. Il est plus que probable qu'il s'agisse ici d'une dose trop forte. Vous avez sans doute laissé la pyramide trop longtemps au-dessus des plantes, ou bien ces dernières étaient particulièrement sensibles. Raccourcissez la durée de l'exposition.

Il n'y a eu aucune différence entre les plantes sous la pyramide et celles du contrôle. Cela arrive souvent. La première chose à vérifier est l'orientation de votre pyramide. Si elle est correcte, regardez la distance entre le contrôle et la pyramide. Si elle est insuffisante, il est possible que le contrôle absorbe aussi l'énergie venant de la pyramide. S'il n'en est rien, vous êtes devant un véritable problème. Vous pouvez toujours attendre une semaine et recommencer, pour le cas où la cause de l'échec serait d'ordre météorologique. Un autre facteur à vérifier est le nombre d'appareils électriques ou de fils de courant, transformateurs, etc. à proximité. À l'encontre de certains chercheurs qui pensent que des installations électriques amoindrissent les effets de l'énergie, je crois pour ma part qu'elles l'amplifient et qu'elles produisent des effets similaires de leur côté. Si les plantes test et les plantes de contrôle absorbent l'énergie, il vous sera difficile de déterminer la différence causée par une pyramide, surtout si cette dernière est particulièrement petite. Une troisième suggestion est de changer de place pour faire l'expérience. Sans entrer dans les détails, je peux dire qu'il existe sur terre des endroits qui amplifient l'énergie et des endroits qui au contraire l'inhibent; disons que ce phénomène est susceptible d'affecter considérablement vos expériences. En résumé, si rien n'y fait, retournez à l'élevage des hamsters.

Les plantes grossissent toujours lorsque vous faites l'expérience personnellement, mais elles ne changent absolument pas si quelqu'un d'autre s'en occupe. Autant le savoir tout de suite! Les plantes sont télépathes. Sans rire, elles sentent et répondent à vos émotions et à vos attentes. Si vous attendez et souhaitez fortement que vos plantes s'améliorent sous une pyramide, elles le feront, mais il y aura dans cette réaction un grand «désir de plaire». D'un autre côté, une attitude très négative peut provoquer une réaction inverse chez les plantes. Elles répondent là encore à des attentes, mais qui passent outre l'énergie des pyramides. Tâchez de rester aussi neutre que possible sur les résultats que vous souhaitez obtenir.

Les plantes de contrôle ont mieux réussi que les plantes du test. Cela me semble être un autre cas de dosage trop élevé. Essayez de raccourcir la durée du traitement.

Il est surprenant qu'on n'ait pas fait plus d'expériences avec les plantes dans ce domaine. Le champ est vaste et les implications pourraient être très importantes dans le jardinage. Peut-être ce chapitre sera-t-il stimulant, et qu'il vous permettra de devenir un magicien horticulteur à la Luther Burbank, passionné de pyramide. Je vous souhaite bonne chance.

5 Les pyramides et les aliments

Les premières expériences sur l'énergie des pyramides furent réalisées avec de la nourriture, ou tout du moins avec de la chair, puisqu'on se servit du cadavre d'un chat dans l'une d'elles. Comme nous l'avons vu au chapitre 1, André Bovis mena des expériences sur la momification tout de suite après son retour d'Égypte. On a pu les reproduire avec succès par d'autres chercheurs en France, en Tchécoslovaquie et, plus tard, aux États-Unis. Faire des tests sur les effets de l'énergie des pyramides sur la nourriture est une des façons les plus simples et les plus agréables de l'expérimentation. Vous pouvez poser vos questions.

Comment la pyramide peut-elle momifier de la viande?
Par un procédé de déshydratation qui fait sortir les molécules d'eau, pour autant qu'on en juge aujourd'hui. Dans des expériences faites au tout début, j'ai remarqué que des portions de viande laissées sous la pyramide présentaient des perles d'eau à la surface ou sur leur support. Un tel phénomène ne s'est pas produit avec les contrôles. La viande placée sous la pyramide rétrécit, durcit, mais ne pourrit pas et ne dégagea aucune odeur. Il faut admettre que ce fut la même réaction avec les contrôles, à l'exception de la formation de petites perles d'eau, et d'une perte de poids moins importante. Mais il n'y eut pas non plus d'odeur ou de pourriture. Après m'être creusé la tête avec les variables, j'ai enfin réalisé que le climat peut être parfois très sec en Californie du Sud. La momification est un processus commun dans les déserts du monde entier sans le recours aux pyramides. C'est en présence de l'eau que se développent les bactéries qui sont responsables de la pourriture. Il semblerait donc que la pyramide stimule l'évaporation rapide de la même façon, sinon suivant la même méthode, que l'air sec ou le soleil. Il faut de l'énergie pour que l'eau

s'évapore, et on constate qu'il y a effectivement présence d'énergie dans la momification due aux pyramides. Rappelez-vous qu'une expérience de momification sous pyramide sera beaucoup plus frappante si elle a lieu dans un climat plus humide que la Californie du Sud. Si vous ne pouvez changer de pays, faites vos expériences dans la salle de bain (à moins que vous ne désiriez déshydrater un chat mort) qui est probablement la pièce la plus humide de la maison. Rappelez-vous également, en choisissant la viande pour l'expérience, que de nos jours les aliments sont bourrés de préservatifs chimiques qui peuvent fausser les résultats de votre recherche.

La viande reste-t-elle comestible une fois momifiée?

Oui. On a laissé de la viande sous des pyramides pendant plusieurs mois, sans qu'elle pourrisse, et elle avait encore bon goût; dans certains cas, elle avait même meilleur goût, parce que la déshydratation provoque une concentration. J'ai récemment parlé à des gens qui se servent des pyramides pour faire de bons sautés de boeuf qu'ils consomment à la maison. La commercialisation de ce procédé n'est plus qu'une question de temps.

Peut-on placer la quantité de viande que l'on veut pour la momifier?

Oui, mais les résultats seront moins satisfaisants si la quantité de viande excède la taille proportionnellement adéquate de la pyramide. L'énergie distribuée par une pyramide dépend de sa taille et, jusqu'à un certain point, de son matériau de construction. Je connais quelqu'un qui, après avoir placé une livre de hamburger sous une pyramide en carton de 15 cm de haut, s'est déclaré très déçu qu'elle ne se momifie pas pendant la nuit. Si on laissait cette viande sous ce type de pyramide, elle se gâterait certainement au bout d'un certain temps, simplement parce que l'énergie n'est pas suffisante pour empêcher ce processus. Si vous voulez utiliser une pyramide aux dimensions citées je vous conseille de prendre 20 gr ou moins de viande et de la laisser au moins une semaine. Si vous désirez une expérience plus courte, prenez moins de viande. Au tout début de mes essais, j'ai pris une boulette de viande hachée crue d'environ 6 mm de diamètre, et j'ai obtenu des résultats au bout de trois jours.

Peut-on placer la viande n'importe où sous la pyramide?

Ce sujet est controversé, mais j'ai personnellement noté que les effets étaient plus importants dans la Chambre du Roi, qui est le point situé à environ un tiers de la hauteur en partant de la base de la pyramide. En d'autres termes, l'effet de déshydratation est plus actif à cet endroit que n'importe où ailleurs dans ce type de structure.

Peut-on employer n'importe quelle sorte de viande?

On a réussi à momifier toutes les viandes sous la pyramide, mais on obtient les meilleurs résultats avec celles qui ont le taux d'humidité plus élevé.

Est-ce que les fruits se momifient aussi sous une pyramide?

Il est préférable de dire qu'ils suivent un processus de déshydradation. C'est comme pour la viande: plus la teneur en humidité est élevée, plus la déshydratation sera importante. J'ai pris une pomme pour démontrer d'abord l'effet de la Chambre du Roi. Pendant l'expérience soigneusement contrôlée d'une durée de 72 heures, j'ai placé des morceaux de pomme à l'extérieur d'une pyramide de 150 mm de hauteur construite en carton, ainsi qu'en divers points à l'intérieur. C'est le morceau qui était placé dans la Chambre du Roi, ou au «point phi» comme je l'appelle, qui avait le plus réduit en taille et en poids et qui était le moins décoloré. Verne Cameron, qui a fait des recherches il y a un certain temps déjà, rapportait qu'un gros morceau de pastèque placé sous une petite pyramide pendant plusieurs jours avait réduit de taille, et atteint celle d'un abricot, tout en gardant son parfum et sa douceur.

La déshydratation est-elle le seul effet que les pyramides aient sur les fruits?

Non. Elles aident à les conserver, rehaussent leur goût, et les fait mûrir. Quand on achète des fruits — ou des légumes — et qu'on les place sous la pyramide pendant environ une demi-heure avant de les ranger, ils ont tendance à rester frais plus longtemps. On peut laisser les fruits qui ne demandent pas de réfrigération dans un bol placé sous une pyramide «structure» jusqu'au moment de les manger. J'ai fait l'expérience de laisser une pomme sous une pyramide pendant 3 mois, et elle était encore fraîche, ne s'était pas gâtée, et avait du goût. Il est évident que la durée et la qualité de la conservation dépendent d'un grand nombre de variables qui sont le type de fruit, la température et l'humidité ambiantes, les courants d'air, etc. Néanmoins, on peut dire qu'en gros la conservation des fruits et des légumes semble vraiment améliorée par la pyramide, grâce à un phénomène d'inhibition des bactéries.

Qu'entendez-vous par «rehausser leur goût»?

Tout simplement que la pyramide donne souvent du goût à la nourriture. Il serait intéressant de discuter sur la façon dont cela se fait. On donne généralement deux raisons possibles. L'une est que l'énergie des pyramides stimule l'action des enzymes, qui affectent le goût. L'autre est que la déshydratation donne naissance à une concentration du goût. De toute façon, ça marche. Mon fruit préféré pour ce genre d'expérience est l'avocat. On cueille généralement les avocats avant qu'ils ne soient mûrs et le goût qu'ils développent en mûrissant dans votre réfrigérateur ou sur votre étagère n'a évidemment pas la qualité d'un fruit resté sur l'arbre. Ainsi, bien qu'il devienne tendre, l'avocat a généralement un goût de carton. Mais si je coupe un avocat en deux, et que je place les moitiés sous une pyramide pendant 10 à 30 minutes, ils atteignent une vraie saveur d'avocat. Cette expérience réussit avec pratiquement n'importe quel fruit, légume ou viande. L'effet de maturation est étroitement lié et même accentué si on laisse la nourriture toute la nuit sous la pyramide, et même plus longtemps s'il s'agit d'un fruit vraiment dur. Vous pouvez essayer avec des avocats, des bananes, des pêches, et autres fruits cueillis avant leur pleine maturation.

Comment l'énergie se manifeste-t-elle avec les agrumes?

Je vais vous citer une expérience très complète réalisée avec un jus de citron. Après avoir pressé un citron frais, et avoir recueilli le jus dans une tasse, je l'ai fait goûter à plusieurs personnes. Tous remarquèrent l'odeur très forte et le goût acide. La tasse de contrôle présentait les mêmes caractéristiques. On plaça la tasse sous une pyramide de 15 cm de haut, et la tasse de contrôle à une bonne distance. Au bout d'une demi-heure, on remarquait une différence d'odeur, la tasse traitée ayant perdu son odeur piquante. Au bout de deux heures, la tasse de jus traité était remarquablement moins acide que l'autre, à l'unanimité. Le goût acidulé n'avait cependant pas disparu.

Avez-vous essayé avec des oeufs?

Pas personnellement, mais *Mankind Research Unlimited* de Washington a fait des expériences avec des oeufs. Ils voulaient surtout tester l'existence d'une énergie provenant de l'intérieur de la pyramide qui serait différente des autres formes, ou de l'air libre. Ils cassèrent trois oeufs, en mirent un dans chaque assiette, et placèrent une assiette à l'intérieur d'une pyramide, une à l'intérieur d'un cube et une à l'air libre. J'ai pu lire les résultats de la recherche, et voir les photos des oeufs après trois semaines, si mes souvenirs sont exacts. L'oeuf de la pyramide avait l'air presque frais, celui à l'air libre était légèrement gâté, et celui du cube était en piètre état.

Y a-t-il un effet quelconque sur le lait?

En principe, le lait traité sous une pyramide reste frais plus longtemps. Un de ces jours, un fabricant d'emballage en carton fera fortune en produisant des cartons à lait ayant un sommet en forme de pyramide. Rappelez-vous que l'énergie sort par le bas de la pyramide; par conséquent seul le sommet de la boîte devrait être de forme pyramidale, ce qui serait plus pratique à ranger dans votre réfrigérateur qu'une pyramide complète, soit dit en passant. Vous pouvez tester l'effet sur le lait en prenant 2 contenants d'un litre portant la même date limite. Vous en placez un directement dans le réfrigérateur et l'autre sous une pyramide pour une expérience d'une demi-heure. Sentez et goûtez les deux échantillons après la date limite.

On prétend aussi que le lait gardé sous une pyramide ne se gâte pas, mais se transforme en fromage. Selon les rapports (je n'ai pas fait l'expérience personnellement) il faut attendre 4 ou 5 semaines, après quoi le lait forme une croûte, une couche de liquide, et du fromage endessous. D'un autre côté, j'ai également reçu des rapports contredisant les données précédentes. Je pense que tout cela dépend beaucoup du type ou de la marque de lait utilisé. Certains sont remplis de préservatifs, et cela affecte certainement l'expérience. Si vous voulez essayer, assurez-vous de suivre de bonnes procédures d'expérimentation et souvenez-vous qu'il peut y avoir des variables dans une même marque.

Est-il vrai qu'une pyramide enlève l'amertume du café?

Cette fois, je peux vous donner un oui inconditionnel! C'est un des tests les plus faciles et les plus impressionnants à faire. Faites du café, goûtez-y, puis placez-le sous la pyramide pendant quelques minutes. Goûtez-y à nouveau. À moins d'avoir les papilles gustatives d'un grand fumeur ou d'un alcoolique, vous allez remarquer un adoucissement très net du café. Certains prétendent que le café est plus sucré, d'autres qu'il a moins de goût. À la suite de plus de cent expériences sur le goût, j'ai trouvé que l'important dans cette expérience est de tester une *différence* entre le café traité et le non traité, plutôt qu'un effet spécifique. Ce n'est qu'à la suite de ces expériences que je me suis aperçu de la subjectivité du goût.

Vous parlez de «quelques minutes». Pouvez-vous être plus précis?

Non. Tout dépend de la taille de votre pyramide, de l'amertume du café, et de votre propre sensibilité. Toutefois, les gens ont presque toujours réagi après 5 ou 10 minutes et j'ai utilisé une pyramide en carton de 15 cm de hauteur.

Est-ce que ça marche aussi avec du thé?

Certainement. Encore une fois, le but cherché est d'adoucir le goût du thé. On a également obtenu de très bons résultats en traitant du vin. Peut-être êtes-vous au courant des rapports faits sur le sujet. Quant à moi, j'ai pu vérifier que dans mes expériences un verre de vin bon marché traité sous la pyramide pendant environ une demi-heure prenait le goût d'un vieux vin dont le prix est généralement beaucoup plus élevé. L'âcreté diminue, et le bouquet s'améliore. On m'a demandé ce qu'il adviendrait d'un bon vin sous la pyramide. Rien de bien remarquable, en tous cas en ce qui concerne le goût. Le vin reçoit la charge, c'est indubitable, mais nous manquons de vérifications expérimentales pour déterminer de façon certaine l'effet de cette charge. Je crois personnellement que l'énergie de la pyramide agit sur l'alcool de façon à diminuer ses effets sur le corps, mais j'insiste sur le fait qu'il s'agit ici d'une opinion qui ne s'appuie que sur des recherches préliminaires.

D'autres boissons reçoivent-elles aussi les effets de l'énergie?

Oui, mais ces effets ne sont pas toujours ce qu'on pourrait appeler bénéfiques. Prenons l'exemple du cidre. Il perd son acidité lorsqu'on le place sous une pyramide. Si vous aimez le goût aigrelet du cidre, cette expérience n'est pas pour vous. De plus, la pyramide enlève le pétillant des boissons gazeuses. Jusqu'à présent, on a toujours pris des verres ou des bouteilles non couvertes pour faire les expériences. Personne n'a essayé ou rapporté de résultats où le test était fait avec des bouteilles scellées.

Est-ce que l'énergie affecte le thé ou le café en poudre?

Oui! Vous pouvez traiter une livre entière en la plaçant sous la pyramide, et le goût en sera adouci. Je vous recommanderai toutefois de laisser le thé ou le café toute la nuit sous la pyramide.

Nous avons lu que ça marche aussi avec le tabac.

Disons qu'ici il y a quelques difficultés. J'ai lu cela moi aussi, mais mes résultats ne sont pas complètement satisfaisants. J'ai testé mon tabac à pipe, et je dois dire en toute honnêteté que j'ai été incapable de dire la différence. Quelques amis qui fument la cigarette disent que c'est positif; d'autres prétendent que non. Il faut bien dire qu'ici le type de tabac, le goût personnel, et les conditions de contrôle jouent un rôle important. Le tabac peut changer de goût avec l'humidité, les mélanges et l'âge. En résumé, je n'ai encore vu aucun résultat soutenu par un rapport raisonnablement scientifique; il faudra donc attendre avant de se prononcer.

L'énergie a-t-elle un effet sur l'eau ordinaire?

L'eau du robinet javellisée et remplie de sels minéraux perd son goût caractéristique après un court séjour sous la pyramide. Certaines personnes aiment cette différence, et comparent le goût à celui de l'eau de source; d'autres préfèrent l'eau du robinet, déclarant que l'eau traitée est trop plate. Mais à peu près tout le monde sent une différence. Pour ce type d'expérience, il est très important d'avoir un contrôle. Quelques expérimentateurs ont obtenu des résultats faussés car ils ignoraient que l'eau du robinet laissée à l'air libre pendant un certain temps perd son chlore par un procédé naturel. Comme dans d'autres domaines, la pyramide semble accélérer les phénomènes naturels. Certaines personnes aiment laisser un verre d'eau sous une pyramide pendant la nuit et le boire le lendemain matin; elles disent que cela les charge d'énergie.

On a dit que la pyramide purifiait l'eau. Est-ce exact?

Certaines personnes prennent leurs désirs pour des réalités ou ne sont guère rigoureuses quant à l'emploi de certains mots. «Purifier» signifie enlever les impuretés. Tout ce qu'on peut dire, c'est que l'énergie des pyramides ne semble pas enlever quoi que ce soit de l'eau qui ne disparaîtrait pas naturellement, comme c'est le cas pour le chlore. Quelqu'un m'a donné à lire un rapport venant d'Europe, dans lequel on dit que l'énergie des pyramides semble changer la structure moléculaire de l'eau, ce qui pourrait changer les effets des impuretés. Toutefois, je n'ai pas pu obtenir une copie de ce rapport et je sais que les scientifiques sont encore en train de discuter de la structure moléculaire de l'eau (je dis bien la structure et non la composition). Étant donné les effets produits par l'eau traitée sur les plantes et la peau (voir chapitre suivant) je crois que l'on peut avancer que la pyramide *ajoute* quelque chose à l'eau mais il est impossible de dire qu'elle «purifie» l'eau, dans l'état actuel des connaissances scientifiques. Si l'on considère l'effet de déshydration dû à l'énergie des pyramides, on peut en déduire qu'elle accélère le processus d'évaporation, mais la façon selon laquelle ce processus affecte le goût et la structure reste encore à débattre.

A-t-on utilisé la pyramide comme moyen d'entreposer de grandes quantités de nourriture?

Un nombre croissant de gens se servent d'assez grandes pyramides pour conserver des aliments secs comme des graines, certains fruits et légumes, des biscuits ou des bonbons. La base de ces pyramides mesure généralement de 1 à 2 mètres. Les utilisateurs de la pyramide prétendent que la nourriture reste fraîche, qu'elle a meilleur goût après l'entreposage et qu'elle est peu touchée par les insectes. On m'a communiqué un rapport disant qu'une famille a remplacé son réfrigérateur par une pyramide pendant une période de six mois et qu'elle en a été satisfaite. J'ignore ce qu'ils ont fait après.

Quel est l'effet de la pyramide sur le miel?

Deux sources de renseignements indiquent que le miel se comporte d'une drôle de façon quand il est placé sous une pyramide. Dans la première expérience, on a placé du miel dans un plat rectangulaire aligné nord sud, et recouvert d'une pyramide. Au bout de trois jours, on s'attendait à ce que le miel durcisse et colle. On a ensuite désaligné la pyramide pendant 24 heures, et le miel a repris sa consistance malléable. En recommençant à le couvrir par la pyramide, il redevient collant au bout de trois jours. Selon les rapports, ce phénomène peut se répéter indéfiniment.

J'ai donc fait l'expérience décrite. J'ai placé le miel dans un long plat de verre, et l'ai recouvert d'une pyramide en carton de 15 cm de hauteur, elle aussi alignée. Rien ne se produisit après 3 jours et je laissai tout en place. Sept jours plus tard, le miel avait vraiment l'air plus collant, et je désalignai la pyramide. J'essayai encore après 24 heures, sans constater de différence. Le miel prit 3 jours pour redevenir onctueux. Je remis la pyramide dans sa position alignée, et attendis encore 7 jours, en faisant quelques vérifications entre temps. Le miel était devenu assez collant, et je déplaçai une fois de plus la pyramide. Cette fois, le miel reprit sa consistance douce en 5 jours. J'eus soudain envie d'enlever la pyramide pour voir ce qui se passerait. En seulement 48 heures, il était redevenu plus collant que jamais. C'est à ce moment que j'arrêtai l'expérience, car les résultats ne prouvaient pas que la pyramide agissait. Quelque chose affectait le miel, et cela aurait pu être la température ou les phases de la lune. Le défaut de cette expérience réside dans l'absence d'un plat contrôle pour pouvoir établir une comparaison. Au lieu d'obtenir des résultats, j'avais créé de la confusion. Ne faites pas la même erreur que moi.

La pyramide peut-elle éliminer les saveurs artificielles?

À ce sujet, j'ai essayé avec des bonbons de refaire une expérience qui m'avait été communiquée dans un rapport. Des bonbons durs de différentes saveurs étaient placés sous une pyramide pendant une heure. En utilisant la méthode du test croisé, on fit goûter à un groupe de sujets des bonbons pris au hasard dans un bol, et ils essayèrent de deviner leur saveur. Les sujets avaient les yeux bandés et ne savaient pas à quelle saveur s'attendre. Huit sur dix furent incapables d'identifier la saveur. Les deux seuls qui réussirent avaient choisi des bonbons à la menthe.

En refaisant cette expérience, j'utilisai des contrôles. J'achetai deux séries de quatre saveurs: cerise, raisin, citron et orange. Tous étaient enveloppés dans de la cellophane. J'en plaçai un de chaque sorte sous une pyramide en carton de 15 cm de hauteur et les y laissai pendant 24 heures; l'autre série de bonbons fut laissée sur une étagère dans une autre pièce. Les sujets savaient qu'il y avait quatre saveurs, mais ignoraient leur nom. En fait, je n'utilisai que trois saveurs: citron, cerise et raisin.

Sept sujets participèrent au premier test croisé. Son but était de goûter deux bonbons différents, et d'essayer de détecter des différences de saveur. Les deux bonbons avaient été étiquetés comme citron, l'un venant de la pyramide et l'autre du groupe de contrôle, tout ceci étant inconnu des sujets. Je crois qu'il est intéressant de noter les réactions de goût sous forme de tableau.

SUJET	BONBON TEST	BONBON CONTRÔLE
No 1	citron	raisin, plus doux
No 2	citron éventé sans goût	citron aigre-doux plus de goût
No 3	citron, plus doux	citron, moins de goût
No 4	citron	citron, plus doux
No 5	citron	raisin, plus doux
No 6	raisin, plus doux	orange aigre arrière-goût de raisin
No 7	orange, doux et aigre	pratiquement aucune saveur

Ce tableau nous donne plusieurs indications. Premièrement, certains sujets ne font apparemment pas la distinction entre du citron et du raisin. Mais il est probable que la couleur de ces bonbons joue un rôle très important pour rehausser le goût. Deuxièmement, on s'aperçoit que le goût est un phénomène hautement individuel. Les sujets ne peuvent même pas s'entendre sur l'intensité, le degré de douceur ou d'acidité. Enfin, nous voyons que 24 heures sous une pyramide ne sont pas suffisantes pour éliminer la saveur artificielle. Le léger changement de saveur est insuffisant pour affirmer que la pyramide peut chasser un goût artificiel.

Le deuxième test eut lieu la semaine d'après. Il y eut cinq participants, et les résultats s'avérèrent plus positifs. Les saveurs étaient celles du raisin et de la cerise, et tous les sujets, sauf un, s'accordaient pour dire que le bonbon contrôle avait plus de goût. Le sujet en désaccord trouvait que le bonbon test avait plus de goût. J'aime bien faire participer cette personne à mes expériences, car elle a souvent des réactions opposées au reste du groupe et cela m'aide à garder la tête froide. Bien que le bonbon test soit resté une semaine dans la pyramide, les saveurs furent reconnues par les sujets. Le goût n'était pas aussi prononcé mais il n'avait pas pour autant disparu. On sait que les saveurs artificielles contiennent toutes de l'acide citrique; je crois que l'énergie a une action neutralisante sur l'acide, comme dans l'expérience sur le jus de citron, plutôt qu'un rôle qui modifierait les saveurs artificielles en tant que telles.

Le dernier test de cette série a trait à l'odeur. On demanda à huit sujets de déterminer quel bonbon avait l'odeur la plus forte, sur un choix de bonbons parfumés au raisin, au citron et à la cerise, et provenant du groupe de test et de contrôle. C'était également un test croisé. Tous les sujets affirmèrent que le bonbon à la cerise (test) sentait plus fort, trois dirent que le bonbon au raisin (contrôle) était plus fort, et tous furent d'accord pour dire que le bonbon au citron (contrôle) était plus fort. Ceci réduisit mes espoirs à zéro. Je n'ai rien d'autre à faire que de nombreuses autres expériences.

La conclusion à tirer de ce qui précède est que l'énergie de la pyramide agit *d'une certaine façon* sur le bonbon, mais qu'il est encore trop tôt pour dire ce que c'est exactement. Je ne pense pas qu'il soit justifié de dire que l'énergie neutralise tout ce qui est «artificiel», car ce terme est un concept culturel. Trop de gens associent «artificiel» à «mauvais», et ce n'est là que préjugé. Le plastique, les saveurs chimiques, le tissu synthétique et les voitures sont artificiels en cela qu'ils sont construits par l'homme et qu'on ne les trouve pas dans la nature. Mais il en est de même des tissus en coton teints, des selles de chevaux, des maisons en bois... et des pyramides.

Pouvez-vous nous donner quelques directives générales pour faire une expérience sur de la nourriture?

D'accord. Prenons l'exemple du test d'analyse sur le goût du café. Rappellez-vous que le but de l'expérience est d'enlever ou de réduire l'amertume: il ne faudra donc pas utiliser un café supérieur — à moins de l'employer comme second contrôle, et le comparer à un café bon marché traité sous une pyramide. Si votre test requiert plusieurs personnes à différents moments, assurez-vous d'avoir toujours la même marque, de préférence prise du même pot. Afin de réduire les variables, choisissez des tasses identiques pour toutes vos expériences. Le verre, la porcelaine et le plastique sont tous valables mais, comme nous l'avons dit, un choix unique est préférable. Utilisez de l'eau froide de source identique pour faire votre café. Placez-le ensuite sous la pyramide de votre choix, et éloignez-en suffisamment la tasse de contrôle. Décidez de la durée de l'expérience. Cinq minutes conviennent bien. Un test simple consiste à goûter chaque tasse et voir vos réactions. Ensuite bandez-vous les yeux, et demandez à quelqu'un de vous donner les tasses. Le test le plus compliqué consiste à demander à quelqu'un de donner les tasses à un sujet qui ignore leur provenance et qui vous les remet à son tour. Vous pouvez recommencer l'expérience avec plusieurs personnes. Pour en revenir à un test plus simple, goûtez à une tasse de café avant et après son séjour sous la pyramide. Cela manque cependant de «validité scientifique», même si vous constatez une nette différence de goût.

Cette expérience n'est-elle pas très subjective?

Évidemment, puisqu'elle met en jeu le goût individuel. Mais si vous vous concentrez sur la *différence* entre le café traité et le café normal plutôt que sur une sensation spécifique, les résultats ont plus de chance d'être objectifs. Pendant que nous y sommes, laissez-moi vous confier un petit secret. En général, la seule différence qui existe entre un résultat «objectif» et un résultat «subjectif» est que le premier se base sur le sens de la vue, alors que le second fait appel à un autre sens. Il ne faut pas oublier que notre société privilégie grandement le sens de la vue, et va jusqu'à croire qu'il est une perception plus authentique que les autres. Les goûteurs de vin ne seraient certainement pas d'accord, ni tous ceux et celles qui ont écouté des témoins lors d'un procès. De plus, un nombre assez important de savants soutiennent qu'il n'existe pas d'expérience objective en soi — la seule présence ou attention de l'expérimentateur modifie l'expérience. Alors, ne vous en faites pas trop avec l'objectivité ou la subjectivité. Si vous pouvez voir, sentir, goûter ou ressentir une différence au cours de l'expérience, c'est tout ce qui compte. Personne ne peut vivre une sensation à votre place.

DÉPANNAGE

Les problèmes potentiels que posent de telles expériences sont évidents et nous ne passerons pas de temps sur ce sujet. Si l'expérience s'avère un échec, vérifiez l'orientation, la taille de la pyramide par rapport à celle de l'objet, et les variables possibles. Si vous faites des tests sur le goût, rappelez-vous que de nombreuses personnes ont un piètre sens du goût, à cause du tabac ou de la boisson, ou encore du rhume. Quand vous essayez de reproduire les expériences des autres, vous vous rendez compte que les descriptions manquent de précision et que vous n'obtenez presque jamais les mêmes résultats. Contentez-vous donc d'en approcher.

L'auteur, le Dr Serge V. King, montre deux fourchettes qu'il a tordues par énergie dirigée par l'esprit avec l'aide d'une pyramide. Il affirme que le métal est devenu collant au cours du processus.

Au dessus: Un groupe de volontaires testent les effets d'une pyramide en carton pendant une séance de méditation. La plupart rapportent des sensations de picotements et de chaleur.

En haut à gauche: Le Dr Lawrence Kennedy de Los Angeles et son fils Chris **(en bas)** ont eux aussi plié du métal par concentration à l'intérieur d'une pyramide.

En haut: *Même une petite pyramide de 150mm de hauteur suspendue au-dessus d'un lit peut avoir des effets bénéfiques sur le sommeil, car l'énergie se dégage vers le bas. Celle-ci est suspendue à partir du mur, grâce à un trépied fabriqué à l'aide d'un bâton et de deux ficelles.*

En bas: *Les enfants de l'auteur, Pierre et Dion, sous la pyramide avec leur chat. Les enfants et les animaux semblent apprécier l'énergie des pyramides. Elle les aide à rester calmes et élimine la tension nerveuse.*

En haut: On a utilisé des pyramides pour accélérer la germination et augmenter la croissance des plantes. Notez la différence de taille entre les radis qui se trouvent sous la pyramide et les autres rangs. La pyramide a été placée là dès le début de la semence.

En bas: Une structure pyramidale a pratiquement les mêmes effets qu'une pyramide fermée. Certains prétendent que les effets de la pyramide sont meilleurs lorsqu'on médite à l'extérieur.

6 Les pyramides, les gens et les animaux

Les humains et les animaux dépendent de leur environnement; c'est le principe de base de l'écologie. Tout ce qui affecte l'environnement nous affecte aussi. Nous avons montré que les pyramides peuvent avoir un effet sur l'environnement; il paraît donc logique qu'elles touchent du même coup les humains et les animaux. Voyons un peu cet aspect de l'énergie des pyramides, et commençons par le règne animal.

Comment les animaux réagissent-ils aux pyramides?

D'après mes expériences, ils semblent aimer cela. Je parle surtout des chiens et des chats, car ce sont ceux que j'ai surtout observés. Si l'on place une pyramide dans un endroit facilement accessible, un chien ou un chat l'adopteront souvent comme coin de repos préféré. J'ai eu l'occasion d'observer un chien qui s'est mis sous une pyramide ouverte, y est resté 5 ou 10 minutes et qui s'en est allé, n'y retournant qu'un ou deux jours plus tard. C'est presque comme si l'animal avait reçu une charge suffisante et qu'il retourne sous la pyramide lorsqu'il en ressent le besoin. Bien sûr, tout ceci n'est qu'hypothèse, puisque nous ignorons ce qui se passe dans la tête de l'animal; mais cela correspond aux réactions humaines et a sans doute quelque validité. J'ai observé des chiens malades qui recherchaient la pyramide et y restaient un jour et une nuit, ne la quittant que pour manger, jusqu'à ce qu'ils se sentent mieux — ou du moins donnent cette impression.

L'énergie des pyramides a-t-elle un effet sur leur régime alimentaire?

J'ai entendu deux histoires, l'une sur un chien, l'autre sur un chat, disant que les deux animaux avaient cessé de manger de la viande après avoir dormi régulièrement sous une pyramide pendant plusieurs semaines. À en croire ces anecdotes, ils devinrent végétariens, et ne se remirent à manger de la viande qu'une fois les pyramides enlevées. Je dois admettre mon profond scepticisme à l'égard de ces histoires qui semblent dire que l'énergie est tellement «purifiante» qu'elle amène les animaux à abandonner la viande pour une nourriture ayant une «vibration supérieure». Au cours de mes quatre années d'expérimentation, je n'ai rien trouvé qui indiquait un tel changement. L'énergie a des effets que l'on peut qualifier d'étranges dans certains contextes, mais je ne crois pas qu'elle rende végétarien. Si quelqu'un me montre des preuves évidentes je suis prêt à aborder la question avec un esprit ouvert, et si c'est vrai à me demander pourquoi l'énergie n'affecterait pas les humains de la même manière.

La pyramide peut-elle guérir les animaux?

On m'a dit que des expériences étaient en cours dans une grande université afin de tester les effets de guérison sur des souris et des rats. (L'université a tenu à conserver l'anonymat jusqu'à la rédaction des résultats). Par ailleurs des gens m'ont rapporté que les coupures de leurs animaux avaient guéri plus vite; ou que le poil repoussait plus vite que d'habitude, dans le cas d'un accident; enfin, que de vieux animaux semblaient rajeunis. Tous ces rapports viennent de gens sincères. On ne peut leur donner le nom de scientifiques, mais on ne doit pas les rejeter pour autant.

L'énergie peut-elle calmer un animal en colère ou hyperactif?

Les animaux qui ont mauvais caractère sont dans un état d'anxiété (souvent transmise par leurs maîtres) et je serais enclin à penser que l'énergie des pyramides aide à les calmer, en permettant une décharge simple de l'énergie. Il s'agit encore d'un domaine où il n'y a eu aucun test de contrôle, et où nous pouvons seulement spéculer. Toutefois, je ne crois pas que l'on puisse automatiquement calmer un animal en colère en lui plaçant une pyramide au-dessus de la tête. S'il y a un résultat positif, cela prendra sans doute un certain temps avant qu'il se manifeste. Il est nettement plus facile d'apaiser un léger état d'énervement qu'une colère noire, que ce soit chez une personne ou chez un animal. Un de mes chercheurs me disait récemment qu'elle avait placé une pyramide au-dessus de la cage d'un oiseau très nerveux. L'animal vola immédiatement au sommet de la cage, tentant apparemment de se rapprocher le plus possible de la pyramide, et il est depuis beaucoup plus calme.

Les animaux réagissent-ils à l'eau traitée sous une pyramide?

D'après ce que j'en ai vu, oui et très bien. Les chats et les chiens qui avaient à choisir entre l'eau traitée et l'eau normale choisissaient presque toujours la première. Pourquoi *presque* toujours, cela reste une énigme. Ils se sentaient peut-être déjà suffisamment chargés cette journée-là, ou bien certains facteurs inconnus affectaient l'eau traitée au cours de l'expérience. De toutes façons, la plupart du temps, ils préfèrent l'eau traitée. Au cours d'une autre expérience libre, un de mes amis me dit que ses deux bergers allemands avaient de graves vomissements. Leur état était pénible au point que mon ami songeait à se débarrasser de ses bêtes. Je lui fis essayer l'eau traitée et les résultats furent remarquables. Le vétérinaire lui avait dit qu'on ne pouvait rien faire parce que les chiens vomissaient plusieurs fois par jour. Or, en l'espace de deux semaines, un des chiens ne vomissait plus qu'une fois tous les deux jours, et l'autre seulement deux ou trois fois par semaine. Leur état s'est amélioré depuis. Voilà deux ans de cela, et les chiens sont toujours vivants et en bonne santé.

Comment procéder pour faire essayer la pyramide à un animal?

S'il s'agit d'un animal en cage, comme un hamster ou un oiseau, il n'y a pas de problème; il suffit de suspendre ou de placer la pyramide au-dessus de la cage. Si la cage est assez grande, choisissez n'importe quel endroit qui vous semble adéquat. Essayez l'endroit où l'animal dort, pour voir ses réactions.

Pour les animaux comme les chiens et les chats, je conseillerais de placer la pyramide sur ou au-dessus de leur lieu de repos favori. Je ne vous suggèrerai pas de la placer juste au-dessus du lieu où il a l'habitude de dormir, avant de voir comment l'animal a réagi ailleurs. Quelle serait votre attitude si, en rentrant chez vous, vous trouviez une pyramide au-dessus de votre lit et qu'on vous fasse dormir en-dessous sans être au courant de rien? Les animaux ont des habitudes eux aussi, et vous les dérangez en changeant un lieu de sommeil déjà établi. Mais, si vous changez seulement un lieu de repos, l'animal l'acceptera plus facilement. Après quelques jours, si l'animal ne semble pas dérangé ou s'il aime vraiment la pyramide, vous pourrez songer à en placer une au-dessus de son lieu de sommeil, si vous désirez faire une expérience, ou tenter de le guérir. Sinon, il est préférable de laisser l'animal choisir seul si oui ou non il aime la pyramide.

Quelles sortes d'expériences peut-on faire avec des petits animaux?

Cela dépend jusqu'à quel point vous voulez faire des expériences scientifiques. La situation idéale serait d'avoir deux groupes de rats ou de souris blanches de parenté connue, dans des cages assez grandes pour laisser des zones d'activité à la disposition de l'animal, mais assez petites pour provoquer des situations de stress. Le premier groupe n'aurait pas de pyramide, mais vous placeriez une grande pyramide au-dessus de la cage du deuxième groupe, ou encore plusieurs petites pyramides au-dessus de certains endroits suivant la nature de l'expérience en cours. Vous pourrez faire des tests et prendre des notes sur toutes sortes de situations, par exemple comparer les réactions au stress (surpeuplement, ordre dans lequel les animaux picorent, guérison des blessures); ou encore les dispositions vitales (lieux de nidification); enfin, les différences dans la grossesse et les portées. Si vous n'avez pas ces moyens d'exploration, voici une expérience simple que vous pouvez tenter. Vous avez besoin d'un hamster occupant une cage assez grande comprenant des couloirs et plusieurs endroits possibles de nidification. Vous pouvez placer de petites pyramides au-dessus des diverses surfaces pour déterminer si le hamster les préfère à d'autres endroits. Si le hamster choisit de se reposer sous la pyramide et en fait une habitude, déplacez la pyramide à un autre endroit, pour voir si le hamster préférait la pyramide ou l'endroit lui-même. Vous pouvez également offrir à l'animal deux becs verseurs, l'un à l'eau normale, l'autre à l'eau traitée, et voir lequel est le plus utilisé.

Il est des expériences moins scientifiques mais tout aussi amusantes que vous pouvez faire avec d'autres animaux familiers. Jusqu'à présent, il a seulement été question d'offrir de l'eau traitée ou non ou d'observer si l'animal choisissait de se reposer sous une pyramide ou non. Il existe des expériences plus intéressantes qui consistent à noter le sommeil de votre animal, sa façon de manger, ses déplacements et son état émotif pendant une durée d'une semaine ou deux, avant de commencer les tests proprement dits. Vous continuerez à prendre des notes après avoir commencé l'expérience et verrez s'il y a des changements ou non.

La pyramide a-t-elle des effets sur les poissons?
À mon avis, oui. J'ai fait une sérieuse recherche en me servant d'appareils qui dégagent la même énergie qu'une pyramide et j'ai pu constater que les animaux vivaient plus longtemps, qu'ils guérissaient, et que les algues poussaient moins vite dans l'aquarium. Je suppose qu'en utilisant une pyramide j'obtiendrais des résultats semblables, mais je ne peux l'assurer avant d'en faire l'essai. Il n'existe pas de rapports concernant de telles expériences, du moins à ma connaissance. Cependant, les chercheurs Bill Kerrell et Kathy Goggin rapportent que la crevette atteint une taille supérieure et vit plus longtemps lorsqu'on l'élève sous une pyramide. Les crevettes se trouvent facilement, sont faciles à élever et elles sont idéales pour des expériences simples et contrôlées.

Passons maintenant au règne de l'homme.

Les gens ont-ils des réactions physiques à la pyramide?
Oui. Dans le chapitre un, je les ai décrites brièvement. En général, les personnes éprouvent une sensation de chaleur ou de fraîcheur, de picotement, de courants et de pression semblable à celle de la brise sur la peau. Les effets ressentis varient chez une même personne selon les moments. Le phénomène de température est curieux, car il ne semble pas avoir trait à la température en soi — deux personnes sentant la même pyramide au même moment rapportent des sensations de température complètement différentes. Il est évident que l'on sent quelque chose qui se traduit par le corps comme étant de la température, mais l'on ignore pourquoi on éprouve tantôt de la chaleur, tantôt de la fraîcheur. La sensation de picotement se manifeste le plus souvent dans la paume des mains, ou au bout des doigts, mais il arrive que des personnes la ressentent partout. Cela ressemble à des «fourmis», sensation provoquée par la reprise de la circulation du sang dans un membre qui s'est engourdi, quoique moins fortement. Les courants peuvent être perçus dans n'importe quelle partie du corps, indépendamment du fait que celle-ci se trouve ou non sous la pyramide. Par exemple, si vous mettez votre main sous une petite pyramide, il est fort possible que vous ressentiez un courant dans votre bras, le long de votre dos, dans la jambe, ou ailleurs. Il est difficile de décrire un courant, mais on peut dire que cela se rapproche d'un picotement qui

se déplace. Encore une fois, nous ignorons la raison pour laquelle il se manifeste à tel endroit et à tel moment précis. La pression ou effet de brise est souvent associée au phénomène de température. À l'extérieur, et au sommet de la pyramide, par exemple, cela ressemble générale- ment à un courant qui s'élève. À l'intérieur de la pyramide, la paume dirigée vers le haut, on ressent généralement une sensation de pression vers le bas. La pression est très légère et ressemble à celle causée par une petite brise. Je tiens à répéter que ce sont des réactions du corps qui peuvent avoir ou ne pas avoir un rapport avec un mou- vement réel.

Est-il vrai que la pyramide peut guérir?

Vous touchez une des questions cruciales de ce livre. Ma réponse est non. *Cependant,* je peux dire que la pyramide semble contribuer au processus de guérison en apportant une énergie accrue, qui permet au corps de se guérir plus rapidement et plus efficacement. La différence est subtile, mais vitale. La pyramide n'est pas une panacée. Si la per- sonne n'a aucune envie d'être guérie, il est à prévoir que la pyramide ne l'aidera pas beaucoup. Ce qui ne signifie pas que la personne en question doit croire en la puissance de la pyramide, mais que son sub- conscient a besoin d'être libéré de toute résistance à la guérison. Voilà pourquoi les indispositions légères sont les plus facilement guérissables avec une pyramide.

On s'est servi de la pyramide pour soigner les maux de tête, plus que pour toute autre indisposition. D'après ce que j'ai lu, la majorité des maux de tête sont causés par la tension, et la pyramide semble déten- dre les muscles. *Comment* elle le fait relève de la théorie; disons que si vous acceptez l'idée d'une énergie qui circule dans le corps, la pyramide peut stimuler le flux naturel, ce qui produirait l'expansion et l'équilibre, et diminuerait ainsi la tension. De toutes façons, les résultats concernant la guérison des maux de tête sont tellement encourageants que Drbal a demandé un brevet pour un bonnet en forme de pyramide spécialement conçu pour soulager les maux de tête. Si vous voulez l'essayer vous-même, à vos risques bien entendu, mettez vous une pyramide en carton de 15 cm de hauteur sur la tête (quand personne n'est là pour se moquer de vous) et assurez-vous qu'un des côtés fait face au nord. Si vous avez une pyramide plus grande, elle fera aussi bien l'affaire. Les maux de tête disparaissent parfois immédiatement, parfois après une heure ou plus, selon le degré de tension en cause. Il est intéressant de noter que l'effet de la pyramide semble se prolonger même après qu'on l'a enlevée. Par ailleurs, on rapporte fréquemment que le mal de tête subsiste tout le temps qu'on reste sous la pyramide, mais qu'une demi-heure après avoir utilisée celle-ci, il disparaît.

Pouvez-vous citer d'autres genres de malaises que la pyramide aide à supprimer?

Ma famille et mes amis ont utilisé les pyramides pendant plusieurs années pour soigner des coupures et des meurtrissures. Il est assez étonnant de voir que si l'on place la partie blessée sous une pyramide, cela enlève complètement la douleur ou la soulage presque instantanément. Je crois que cela est attribuable à un effet expansif de l'énergie, car il y a un rapport certain entre la douleur et la tension. Selon nos observations, il semble que le sang se coagule plus vite et que les petites blessures cicatrisent elles aussi plus rapidement. Les contusions traitées sous la pyramide laissent la peau moins «jaune», et durent moins longtemps. Nous avons également obtenu de bons résultats chez les gens qui souffraient de maux d'estomac. En fait, on peut dire que blessures et douleurs s'améliorent toutes à un degré quelconque au cours du traitement avec la pyramide. Certaines personnes m'ont même confié qu'elles souffraient moins d'arthrite, en tous cas temporairement, et que les maux de dos s'en allaient complètement. On voit également les enflures disparaître rapidement et je dois avouer que cela dépasse mon entendement. Pour citer un cas personnel, ma mère avait depuis des années une boule dure et douloureuse à la main, lorsqu'elle commença un traitement quotidien avec une petite pyramide à structure libre. La sensation de douleur disparut immédiatement bien qu'elle réapparaisse parfois entre les traitements. Qui plus est, la boule avait pratiquement disparu au bout de trois mois.

La pyramide soulage la douleur si souvent et si efficacement que mes chercheurs et moi-même avons parfois tendance à prendre ce fait pour acquis. Mais, comme je l'ai signalé plus haut, la pyramide ne guérit pas — elle semble seulement donner un surplus d'énergie au corps. Il est bien agréable de voir la douleur s'estomper, mais le gros problème n'est pas résolu. Il faut toujours analyser et traiter la cause de la douleur de la façon la plus adéquate. Théoriquement, la pyramide peut soulager ou supprimer la douleur provoquée par un os cassé, mais cela ne veut pas dire qu'elle est capable de replacer l'os.

La pyramide agit-elle sur les infections?

Si je me fie sur l'expérience de ma famille et sur les rapports que je reçois, je dirais que l'énergie des pyramides semble neutraliser les infections, y compris celle d'un rhume banal. Dans ma maison, les rhumes sont extrêmement rares depuis quelques années, et si quelqu'un en attrape un, il dure rarement plus d'une journée. Nous n'avons jamais la grippe. Je crois que cela est dû en partie à de bonnes attitudes mentales, et aussi à l'usage régulier que nous faisons de l'énergie. Des sujets qui s'étaient volontairement prêtés à des expériences rapportent que la pyramide fait rapidement disparaître rhumes, congestion des sinus et piqûres de moustiques. Une question en suspens est de savoir si l'énergie qui vient de la pyramide ralentit véritablement ou même arrête l'action des bactéries infectieuses, ou s'il s'agit simplement d'un apport de force à l'organisme qui combat l'infection lui-même. Jusqu'à maintenant, nous l'ignorons, mais il existe des arguments solides pour et contre.

Qu'en est-il des maladies plus graves comme le cancer?

Il serait merveilleux de dire — et de prouver — que la pyramide constitue le remède pour le cancer. Ce n'est malheureusement pas le cas. Personnellement, je pense que cela peut changer, car je suis convaincu que le cancer vient d'une distortion bioénergétique causée par une tension mentale et émotionnelle. Mais ce n'est qu'un avis personnel. Je crois cependant qu'il peut être possible d'utiliser les pyramides pour soulager la douleur que provoquent certaines formes de cancer, ainsi que la tension qui est (selon moi) à l'origine du mal. Seule, la pyramide ne pourra jamais modifier les habitudes mentales, qui peuvent affecter les émotions qui, à leur tour, affectent le corps.

Croyez-vous qu'un jour nous aurons des hôpitaux en forme de pyramide?

Les recherches ne sont pas assez avancées et ce serait pour l'instant une erreur. Il subsiste encore trop d'inconnues, le fait, entre autres, que tout le monde ne réagit pas favorablement aux mêmes quantités d'énergie. J'y reviendrai à la fin de ce chapitre. Toutefois, il est raisonnable de prédire la construction dans les hôpitaux de salles utilisant le principe des pyramides et cela dans un avenir pas trop éloigné.

L'eau traitée sous une pyramide peut-elle aider à soigner les coupures, etc?

D'après mes expériences, l'eau traitée avec une pyramide est aussi efficace que la pyramide elle-même et son utilisation est parfois plus simple. On peut la donner à boire, ou pour laver ou nettoyer les surfaces à traiter.

Que pensent les médecins de tout cela?

Autant que je sache, personne ne s'est prononcé officiellement, mais je parierai ma chemise que les réactions seraient surtout négatives. Je connais quelques chiropracteurs et certains dentistes qui se servent des pyramides ou de l'eau traitée dans leurs méthodes de traitement général mais il s'agit de personnes ayant l'esprit plus ouvert que les médecins. Les chercheurs aimeraient que l'on fasse des recherches médicales honnêtes sur l'énergie des pyramides. Je suis convaincu que cela arrivera un jour. Le problème actuel est de trouver des médecins assez courageux pour faire face aux sarcasmes ou aux moqueries de leurs collègues.

La pyramide est-elle aphrodisiaque?
Augmente-t-elle l'appétit sexuel?

Si j'en juge par les rapports que je reçois, la réponse est oui! J'ai entendu parler de guérison de cas d'impotence (impossibilité d'avoir une érection), et de l'environnement très stimulant que constitue l'énergie de la pyramide. Le nombre de ces rapports étant très élevé, j'en conclus qu'il y a véritablement une action. Je pense à l'instar de mes trois cents maîtresses (pardon, ma femme, je dis des bêtises) que cet enthousiasme repose sur l'apparente amplification de l'énergie du corps qui affecte naturellement l'énergie sexuelle. De plus, l'effet de bien-être de la pyramide joue certainement un rôle en réduisant la tension qui peut entraver le plaisir sexuel. Pour en revenir à la question de savoir si la pyramide est aphrodisiaque, je dirai qu'elle n'augmente pas le désir sexuel de façon directe, mais qu'elle l'affecte vraiment.

La pyramide a-t-elle des effets sur le sommeil?

Les rapports que j'ai lus à ce sujet indiquent qu'une personne dormant régulièrement sous une pyramide ressent généralement un mieux-être, connaît un sommeil réparateur, n'a pas besoin de dormir aussi longtemps et est plus apte à faire face à des tensions émotionnelles. Depuis que je travaille entouré de nombreux types de pyramides et autres appareils générateurs d'énergie, je n'ai jamais ressenti le besoin de dormir sous une pyramide; ce n'est que récemment, et pour faciliter la préparation de ce livre, que ma femme et moi avons entrepris ce genre d'expérience. La première nuit, ma femme a déclaré avoir connu un sommeil léger et très reposant. De mon côté, je me suis également senti reposé sans pour autant voir eu la sensation d'être emporté par un sommeil profond. Après deux mois d'expérimentation, nous pouvons déclarer que notre sommeil est plus réparateur que jamais, avec divers degrés de sommeil léger et profond, suivant nos sensations subjectives. Nous semblons également avoir atteint un niveau plus élevé d'énergie, malgré un travail quotidien de 16 à 18 heures. Nous avons dormi jusqu'à 8 heures certaines nuits, et de 5 à 6 heures en d'autres occasions: cette partie de l'expérience n'est donc pas concluante. Mais, même en dormant moins, nous nous sentons encore aussi énergiques. À présent, nous *aimons* dormir sous la pyramide, et avons l'intention de continuer.

Le fait de dormir sous une pyramide affecte-t-il les rêves?

Si la personne en question n'est pas habituée à l'énergie, ses rêves lui sembleront peut-être plus vivants et plus faciles à se remémorer les premières nuits. Je crois que cela est dû à une plus grande énergie libérée qui débloque un subconscient qui pouvait empêcher le souvenir du rêve. Certaines personnes rapportent souvent qu'elles commencent à rêver en couleurs pour la première fois. Il est plus probable qu'elles s'en souviennent simplement pour la première fois.

Croyez-vous que tout le monde devrait dormir sous une pyramide?

Je ne pourrais pas donner un conseil aussi radical. Certaines personnes ont constaté qu'elles ne pouvaient pas dormir sous une pyramide mais cette situation n'aurait pas duré, si elles avaient persévéré. Mais cela peut les troubler à un point tel qu'il est préférable qu'elles n'utilisent la pyramide qu'une fois rassurées. Il arrive parfois qu'une personne ait mal à la tête en dormant sous une pyramide. C'est là un cas de dose trop élevée, et j'en parlerai à la fin de ce chapitre.

La pyramide est-elle bonne pour la méditation?

Je dirais même qu'elle est excellente parce qu'elle aide à se détendre tout en augmentant l'énergie psychique (appelée aussi prana, mana, ou énergie primale, les noms variant selon les systèmes de pensée). La méditation revêt des formes multiples, que la pyramide semble favoriser. La lecture peut être considérée comme une forme de méditation, et nombreux sont ceux qui rapportent une plus grande aptitude à se concentrer lorsqu'ils étudient sous une pyramide. Cette aptitude est un facteur primordial pour les formes plus profondes de méditation et des méditants expérimentés ne tarissent pas d'éloges sur la pyramide.

Est-ce que cela augmente la production des ondes alpha?

Eh bien, c'est difficile à dire. On associe généralement ces ondes du cerveau à certaines formes de méditation, mais il est important de savoir qu'elles sont l'effet d'un certain état mental, et non sa cause. Une production importante d'ondes alpha — c'est-à-dire une stimulation importante de l'état mental produisant des ondes alpha — requiert un apprentissage assez long. On peut grâce à la pyramide conserver cet état mais il n'y a pas augmentation des ondes alpha. Certaines recherches préliminaires tendent à promouvoir l'idée selon laquelle des méditants expérimentés sont capables de générer plus d'ondes alpha lorsqu'ils sont sous une pyramide, mais les effets de suggestion ne sont pas complètement éliminés. Par exemple, les chercheurs Kerrell et Goggin rapportent une expérience au cours de laquelle les méditants avaient les yeux bandés et reliés à une machine qui contrôle les ondes cérébrales. On abaissa et éleva une pyramide au-dessus d'eux sans qu'ils en aient connaissance, et les résultats semblent confirmer une différence notable du schéma de leurs ondes cérébrales. Kerrel et Goggin gardent une certaine prudence dans l'interprétation des résultats, et j'aimerais ajouter qu'il est fort probable que les sujets soient *subconsciemment* au courant des mouvements de la pyramide, même s'ils ne le sont pas consciemment. À part une détente générale, la pyramide n'apporte pas d'état particulier de conscience mais aide à favoriser l'état que l'on désire obtenir. En tous cas, vous serez déçus si vous croyez atteindre un *satori* immédiat sous la pyramide. Elle peut vous faire vivre certaines expériences, mais certainement pas celle de l'illumination.

La pyramide aide-t-elle à développer certaines habilités psychiques?

Là encore, je dois vous donner une réponse positive-négative. Cela dépend énormément de la compréhension que vous avez du développement psychique. La pyramide ne vous transformera pas tout d'un coup en médium. Vous ne vous retrouverez pas télépathe, clairvoyant ou prophète du seul fait de vous asseoir sous une pyramide. En d'autres termes, l'utilisation de la pyramide ne vous *donnera* pas d'habilités psychiques. Pour la bonne raison que vous les possédez déjà. Elles sont latentes chez chaque individu, et actives bien plus souvent qu'on ne le croit.

Par contre, la pyramide vous aidera à surmonter certains blocages que vous pourriez avoir face à l'épanouissement de vos habilités innées. Elle vous aidera à les intensifier, de la même manière que l'absorption d'hydrocarbones intensifie les capacités d'un athlète. Il est donc juste de dire que la pyramide peut aider le développement psychique. Elle le fait en augmentant la quantité d'énergie dont vous disposez.

Pouvez-vous être plus précis?

Tous les phénomènes psychiques nécessitent une dépense d'énergie, comprenant la pensée et l'imagination ordinaires. C'est ce que l'on peut appeler la bioénergie et, d'après ce que nous avons vu dans mon équipe, l'énergie concentrée dans la pyramide y est identique. J'ai déjà dit que la pyramide accroît l'état d'esprit que l'on essaie d'atteindre. Comme vous le diront les livres sérieux sur la parapsychologie, les perceptions extra-sensorielles se manifestent mieux dans des états d'esprit «non ordinaires». Une des clés pour arriver à de tels états est la relaxation, que favorise la pyramide. De plus, elle semble vraiment apporter l'énergie supplémentaire pour poursuivre des exploits psychiques, selon le type d'expérience vécu.

Par exemple, nous nous sommes aperçus que la précision des émissions télépathiques et de leur réception était accrue si une ou les deux protagonistes se trouvent sous une pyramide. Il faut ajouter que les diverses formes de clairvoyance s'en trouvent également intensifiées. On peut vraiment voir le champ bioénergique autour des gens, soit l'*aura*, comme on l'appelle fréquemment. Il est plus aisé de voir l'*aura* d'une personne qui s'est rechargée sous une pyramide, et plus facile aussi pour l'observateur «chargé» de voir l'*aura* de personnes ayant ou non séjourné sous la pyramide. Une autre forme de clairvoyance est la réception d'images visuelles. Ceux qui pratiquent ce type de perception rapportent qu'ils voient des images plus nettes et des couleurs plus vives. Naturellement, le problème de l'interprétation est une autre affaire. Cela rejoint ce que je disais plus haut sur la pyramide qui peut vous faire vivre des expériences mais qui ne peut pas vous donner l'illumination. Il existe une troisième forme de clairvoyance étroitement liée à la seconde, et qu'on appelle «psychométrie». Le sujet reçoit des images, des impressions et des idées d'un objet qu'il tient dans sa main. Encore une fois, les résultats sont améliorés si la personne se trouve dans une pyramide.

Récemment, un de mes collègues, le docteur Lawrence Kennedy, me parlait des résultats psycho-cinétiques étonnants qu'il obtenait grâce à l'emploi d'une pyramide à structure équilatérale de 1,22 mètre de haut, que je lui ai construite. (La psycho-cinétique est définie comme «l'esprit dépassant la matière»). Lawrence Kennedy est le père de Chris Kennedy, dont on a parlé dans de nombreux journaux, et notamment dans le *National Enquirer:* il est capable de tordre des clés et autres objets par la pensée. J'ai observé Chris à moins d'un mètre, et j'atteste la validité des exploits de ce jeune homme de 14 ans. Il m'a raconté que, juste avant que l'objet se plie, il ressent dans tout son être une formidable montée d'énergie qu'il dirige ensuite par la volonté. Ceci confirme ce que j'ai dit précédemment sur les phénomènes psychiques requièrant de l'énergie. Chris opère maintenant sous une pyramide, lorsqu'il a besoin d'énergie supplémentaire.

Le docteur Kennedy est lui aussi capable de tordre des objets, mais d'une façon légèrement différente. Il les tient et, lorsqu'il sent l'énergie monter, il exerce une légère pression et tord les objets dans toutes sortes de formes «impossibles». Inspiré par lui et son fils, j'ai fait la même chose. Au cours du processus, l'objet, généralement une cuiller ou une fourchette, semble s'adoucir momentanément et devient alors facile à plier. Il s'ensuit un durcissement et l'objet ne peut plus être tordu que si une nouvelle montée d'énergie se fait sentir et l'amollit à nouveau. Sans ce courant d'énergie, personne ne serait capable de tordre des objets de la même façon, avec les mains.

Un autre fait surprenant est que le docteur Kennedy est en train d'enseigner à d'autres à générer l'énergie, à la laisser circuler, et à tordre des objets. Il m'a dit que les succès de ses étudiants augmentaient très nettement lorsqu'ils se plaçaient sous une pyramide. Il a fait passer des tests positifs à plus de quinze «tordeurs de cuiller», pendant ses cours de développement psychique. On trouve parmi ses élèves le doyen sceptique d'une université de l'ouest et une ménagère qui a réussi cet exploit d'étirer la partie supérieure d'une cuiller jusqu'à ce qu'elle soit mince comme une feuille de papier aluminium.

Le but de ces exercices est seulement de démontrer que nous avons tous la capacité de puiser à même des forces prodigieuses qui peuvent servir à des fins bénéfiques. L'une d'elles est la possibilité de guérir, surtout par imposition des mains, ou guérison spirituelle. Ici encore, il s'agit d'une habilité commune à chacun d'entre nous, et j'ai moi-même enseigné à une douzaine de personnes la façon de le faire. Si l'on utilise la pyramide pour amplifier son énergie naturelle, les résultats peuvent être franchement spectaculaires. Kennedy et son fils utilisent la pyramide pour ce genre de travail, de même que mon équipe et bien d'autres chercheurs qui travaillent sur la pyramide dans le monde. À mon avis, ceci représente une des grandes possibilités d'utilisation de la pyramide. Non seulement elle peut nous aider à nous guérir, mais nous pouvons transférer cette énergie aux autres.

Quelle est la meilleure façon d'utiliser une pyramide en vue d'un épanouissement personnel?

Il y a quatre façons fondamentales d'utiliser la pyramide. Vous pouvez vous asseoir ou dormir à l'intérieur, la suspendre au-dessus d'une surface déterminée, en porter une sur votre tête, ou la mettre en-dessous de quelque chose. Ce que vous ferez dépendra du temps, de l'espace, et du but recherché. Par exemple, une pyramide construite sur le modèle de Cheops occupe sur le plancher une surface qui est proportionnelle à sa hauteur. Un modèle de 1,22 mètre de haut a une base de 1,8 mètre sur un côté. C'est assez grand pour pouvoir s'asseoir en tailleur, mais pas sur une chaise. Assez grand aussi pour vous étendre. Certaines personnes placent ce modèle sur leur lit en espérant qu'il ne tombera pas au cours de la nuit. Une pyramide assez grande pour aller sur un lit peut avoir une base de 3,66 mètres, ce qui représente une surface supérieure à celle dont nous disposons habituellement dans une chambre à coucher. D'autres personnes ont par conséquent placé une ou plusieurs pyramides sous leur lit, ce qui est parfait, lorsqu'il y a l'espace nécessaire. Personnellement, je préfère une pyramide suspendue pour les aires de travail et de sommeil. Elles sont toujours là où vous les voulez et ne prennent pas de place. J'ai suspendu au-dessus de mon lit une pyramide en carton de 15 cm de hauteur qui me donne des résultats très satisfaisants. Avant que je transforme mon plafond, elle pendait au bout d'une ficelle fixée au plafond, mais à présent, elle est suspendue à partir du mur. Dans le chapitre concernant la construction de vos pyramides, je vous montrerai une façon simple de faire la même chose. Au-dessus du bureau sur lequel je travaille en ce moment, j'ai une pyramide ouverte de 0,91 mètre de base suspendue aux traverses d'un plafond de carreaux acoustiques. Ça marche très bien.

Les pyramides suspendues sont bonnes tant que vous ne voulez pas les changer de place. Les pyramides au sol de grand format entrent dans la même catégorie, naturellement. Si vous aimez méditer ou vous recharger dans votre jardin par beau temps, ou encore si vous aimez transporter votre pyramide lors d'une promenade à la montagne, à la plage, ou ailleurs, vous avez la possibilité de prendre une pyramide miniature ou un modèle au sol qui se démonte facilement et qui n'est pas trop embarrassant à transporter. La petite pyramide (ou bonnet pyramidal) est vraiment très pratique, surtout si c'est un modèle fait en carton pliable ou démontable. Le seul inconvénient est que vous risquez de vous exposer à la moquerie des spectateurs. Le meilleur modèle au sol et transportable a 1,22 mètre de hauteur et une base de 1,83 mètre. Une base de cette dimension semble un peu étrange, mais si la hauteur était moindre, vous auriez des crampes, et cette taille est idéale pour deux personnes, car elle leur permet de s'allonger. Il existe un moyen d'assembler de plus petites longueurs pour obtenir cette pyramide, et je vous en parlerai dans le chapitre sur la construction.

Est-ce que cela change quelque chose au point focal?

Dans certaines situations de méditation, oui, mais pas pour d'autres usages personnels. Rappelez-vous que l'énergie se concentre dans tout l'intérieur de la pyramide, autour de l'extérieur, en-dessous, et au-dessus du sommet. Si vous êtes en position de méditation dans une pyramide de 1,22 mètre, le point focal se trouve approximativement au niveau du plexus solaire, suivant la taille du méditant. Indépendamment de la région de la Chambre du Roi, il semble que l'énergie soit plus hautement concentrée juste au-dessous du sommet. C'est à peu près là où se trouve votre tête si vous êtes en position de méditation. Si vous faites l'expérience du voyage astral, du yoga *kundalini*, ou si vous recherchez l'inspiration, vous voudrez certainement tirer profit de ces centres de concentration.

Une tente pyramidale est-elle meilleure qu'une pyramide ouverte pour l'usage personnel?

Eh bien cela dépend de la température et de ce que vous avez l'intention de faire à l'intérieur! Sérieusement, je ne vois pas de différence notoire entre les deux, à moins que les côtés ne soient recouverts d'un matériau métallique et organique ou que les côtés soient en cuivre. Mais s'il s'agit de côtés faits en bois, en plastique ou en tissu, le seul avantage est alors la tranquillité.

Ainsi, les matériaux utilisés créent une différence?

Il n'y a aucun doute à ce sujet, lorsque la pyramide est employée par des personnes mais nous manquons de données en ce qui concerne les animaux familiers. Le cuivre produit les réactions les plus fortes comparé à un autre matériau. Le bois a une connotation de confort. Un grand nombre de sujets rapportent que l'énergie qui se dégage d'une pyramide dont la structure est en bois est plus «douce» que celle des pyramides en métal. Il est possible qu'il s'agisse d'une différence toute personnelle, mais il peut aussi y avoir autre chose en jeu. Les gens perçoivent le plastique comme un matériau «plus actif» que les autres. Nombreux sont ceux qui préfèrent l'acier à l'aluminium et pour cette raison, un fabricant s'est mis à fabriquer des pyramides en tubes d'acier, qui sont plus coûteuses. D'un autre côté, certains trouvent l'aluminium merveilleux. Je ne pense pas qu'il s'agisse de facteurs psychologiques. Mais je crois que les individus détectent des différences subtiles dans l'énergie dégagée par divers matériaux et que leur champ d'énergie biologique se trouve complété ou repoussé par les matériaux en question. Jusqu'à présent, ce sont le cuivre et l'aluminium qui provoquent les réactions les plus diverses chez les gens.

DÉPANNAGE

Tout n'est pas rose dans le monde des pyramides. J'ai déjà parlé de doses trop fortes: c'est une question à laquelle on ne s'arrête pas suffisamment. Si vous vous souvenez, c'est un problème qui existe avec les plantes. Une pyramide peut donner trop d'énergie, ce qui entraîne des effets nuisibles qui s'accentuent au fur et à mesure que la dose augmente. Ce qui complique le problème est ceci: ce qu'une personne ressent comme une dose trop forte peut très bien passer inaperçu chez une autre. C'est très individuel. Voilà pourquoi je ne conseillerais pas que des hôpitaux soient construits en forme de pyramide ou que tout le monde dorme sous une pyramide suspendue. Il n'existe aucune méthode permettant de déterminer qui sera affecté, ni dans quelle mesure.

Les symptômes d'une dose trop forte suivent un schéma clairement défini. Premièrement, il y a un sentiment d'étouffement, un peu comme si la personne en avait assez et voulait s'éloigner de l'énergie. Si l'on reste dans le champ, il peut s'ensuivre un léger mal de tête qui va en empirant régulièrement jusqu'à ce qu'il s'accompagne d'une envie de vomir. Si la personne continue à rester en contact avec l'énergie, elle peut ressentir des douleurs là où elle a le plus souvent mal. Cela ne sera le cas que dans un champ très fort, avec un assemblage de pyramides multiples ou encore avec une très grande pyramide. Ce qui est très curieux, c'est qu'une personne qui reste malgré tout sous la pyramide va ressentir une sorte de «trêve» au cours de laquelle tous les symptômes énumérés disparaissent et pendant laquelle le sujet se sent en pleine forme. C'est un état douloureux et il est tout à fait superflu de supporter ces malaises si on peut quitter la pyramide à volonté.

Les raisons de ce phénomène sont compliquées, mais disons qu'elles sont liées au flux d'énergie du corps. Deux personnes peuvent avoir la même sensibilité à l'énergie, dans le sens où elles peuvent la sentir facilement, mais l'une d'elles peut avoir des symptômes négatifs, et pas l'autre. Il est très rare qu'un sujet ait mal à la tête dans un modèle régulier de 1,22 mètre ou plus petit, mais cela peut se produire à l'occasion et vous devez en être averti. La solution est soit d'arrêter de vous en servir jusqu'à ce que vous soyez prêt à recommencer, soit de passer de plus courtes périodes dans la pyramide jusqu'à ce que vous supportiez une dose plus forte. D'après mon expérience, plus vous employez une pyramide fréquemment, indépendamment de la durée, plus vous pouvez y rester confortablement, et plus vous vous sentez capable de supporter des champs plus intenses. La plupart des sujets testés aiment passer la nuit sous la pyramide. Seuls quelques-uns trouvent cela inconfortable.

Un autre phénomène est la tendance à s'endormir après avoir passé un moment dans une pyramide — trente minutes environ — et de ressentir le besoin urgent de faire un somme. Si vous allez au bout de vos envies, vous vous sentez généralement très rafraîchi, et plein de vigueur au réveil. Les raisons de cette réaction sont encore obscures.

Les gens ont souvent des idées préconçues, et l'une d'elles est de croire que si une petite dose de quelque chose est bénéfique, une forte dose sera nettement meilleure. Mais c'est tout le contraire, et une grande dose peut être franchement dangereuse. Un médicament peut être très nocif si on le prend en trop grande quantité. Les nouveaux chercheurs sont portés à exagérer lorsqu'ils entendent dire que des pyramides empilées dégagent un champ d'énergie plus intense. Soyez prudent lorsque vous créez des champs très concentrés d'énergie, même si vous faites de la recherche de laboratoire. Cela peut vous faire mal!

Si vous essayez des pyramides et que vous ne sentiez ni phénomène, ni réaction, ne désespérez pas et ne croyez pas non plus qu'il s'agisse d'une farce. Vous n'êtes pas seul dans ce cas-là. La sensibilité à l'énergie est parfois longue à se développer. Cela ne vous rend ni inférieur ni supérieur à quiconque. C'est une simple question d'individualité.

Faut-il croire en la pyramide pour qu'elle agisse?

J'adore cette question qui revient toujours. Je pourrais bien vous répondre que, d'une certaine façon, il vous faut croire à l'univers pour qu'il existe à vos yeux, mais cela relève de la philosophie. Je réponds d'ordinaire: «Demandez à votre plante, à votre animal, ou à votre lame de rasoir». La pyramide marche, que vous y croyiez ou non. Il est bien évident que la croyance peut augmenter vos réactions à l'énergie. Mais, sans foi, où iraient les médicaments psychosomatiques? Disons que vos expériences seront plus profitables si vous gardez l'esprit ouvert.

7 Les effets non organiques des pyramides

Dans ce chapitre, nous abordons des effets qui sont loin d'être subjectifs. Nous verrons comment la pyramide aiguise, enlève ou empêche la formation de ternissures, ses étranges réactions sur les pendules, les cristaux, les moteurs et son magnétisme.

La pyramide aiguise-t-elle réellement les lames de rasoir?

Si ça n'est pas de l'aiguisage, c'est une vraie bonne imitation! En fait, on est en plein débat technique pour savoir si la pyramide réaiguise la lame, lui fait conserver son acuité ou ne fait qu'accélérer un processus naturel. Les utilisateurs de la pyramide et les chercheurs sont d'accord sur le fait qu'une lame dure au moins cinquante fois plus longtemps, i.e. que ceux qui se rasent confortablement cinq fois avec la même lame rapportent que la lame traitée sous une pyramide leur donne alors jusqu'à 250 rasages. Il est bien entendu que ce nombre varie selon les personnes, à cause de facteurs comme l'épaisseur de la barbe, le genre de savon employé, le sens de la lame, etc. En gros, on peut dire que la moyenne d'utilisation d'une lame bleue Gillette varie entre 25 et 50 rasages lorsqu'elle est traitée sous une pyramide en carton de 15,25 cm (6 pouces) de hauteur. Cette affirmation se base sur des rapports venant du monde entier et de centaines de tests faits par de nombreux chercheurs.

Comment la pyramide aiguise-t-elle les lames?

Selon le chercheur tchèque Karl Drbal, la pyramide conserve l'acuité de la lame. Il pense que l'effet est causé par une action régénératrice du tranchant cristallin de la lame due à la déshydratation par micro-ondes. Une lame de rasoir se régénère normalement toute seule, c'est-à-dire qu'elle devient plus pointue si, après s'en être servi, on la laisse reposer de 2 semaines à un mois. Vous en aurez la preuve en l'essayant vous-même.

La pyramide semble accélérer ce processus naturel qui se produit alors en 24 heures. En plus de régénérer le tranchant, l'effet de déshydratation (ou évaporation accélérée si vous préférez) renforce l'acier de la lame. Carl Benedicks de Stockholm a découvert que l'acier peut accuser une perte de rigidité de 22 pour cent s'il est imprégné de molécules d'eau. La régénération a lieu seulement lorsque la lame s'use normalement au cours des rasages. En admettant que la lame soit ébréchée, la pyramide ne saurait la reconstituer. La théorie de la déshydratation permit à Drbal d'obtenir un brevet du gouvernement tchèque, après dix années d'essais. Ce n'est qu'une théorie incomplète, mais personne n'en a trouvé de meilleure en ce qui concerne les lames de rasoir.

Pourquoi la lame ne continue-t-elle pas à s'aiguiser indéfiniment?

Personne ne peut donner de réponse certaine, mais j'ai ma petite idée. Au cours de mes expériences, j'ai découvert que la lame se trouve réaiguisée mais qu'elle ne recouvre pas exactement son état original. Au lieu de tirer et d'égratigner la peau comme le fait une lame non traitée et usée, une lame qui a séjourné sous une pyramide s'arrête petit à petit de couper jusqu'à ce qu'elle glisse doucement sur la peau. Je crois que le matériau de la lame est usé de sorte que, même une fois le tranchant régénéré, il s'arrondit.

Avez-vous toujours des rasages doux jusqu'à ce que la lame soit usée?

Non, pas toujours. Il se produit un étrange phénomène vers le vingt-cinquième rasage. La lame procure soudain un rasage très médiocre pendant un ou deux jours, après quoi elle recommence à très bien raser. Drbal, qui a connu cette expérience, pense qu'il peut s'agit de troubles météorologiques ou cosmiques. Quant à moi, je crois, pour l'avoir observé, que la lune est seule coupable mais les preuves seront longues à venir. Néanmoins, je ne serais pas étonné que la gravitation de la lune affecte le champ magnétique de la terre qui, à son tour, affecterait le fonctionnement de la pyramide pour aboutir aux effets d'aiguisage des lames de rasoir. De toutes façons, si votre lame semble rendre l'âme plus tôt que prévu, donnez-lui sa chance. Attendez un jour ou deux, et réessayez. Il est très probable que la lame soit réutilisable.

La pyramide peut-elle réaiguiser une lame déjà émoussée?

Oui, mais cela prendra plus que 24 heures. Les rapports indiquent qu'il faut compter de 3 semaines à 2 mois avant de voir une amélioration.

Où place-t-on la lame dans la pyramide?

Le meilleur endroit est de la placer sur un support situé au point «phi», également appelé Chambre du Roi, et qui se trouve à un tiers entre la base et le sommet, au centre de la pyramide. Il n'est pas important de faire la plateforme dans le même matériau que celui de votre pyramide. Un bouchon d'aérosol fait parfaitement l'affaire pour une pyramide de 15 cm.

La position de la lame sur le support est-elle importante?

Oui, la façon de disposer la lame peut entraîner de grosses différences dans les résultats obtenus. Pour des raisons qui demeurent encore obscures, l'effet d'aiguisage est meilleur lorsque les côtés font chacun face à l'ouest ou, si vous voulez, quand l'axe long de la lame est aligné sur le pôle magnétique. Naturellement, votre pyramide doit aussi être alignée, un côté vers le nord, de façon à ce que la lame et la pyramide soient en interaction avec le champ magnétique de la terre. Si vous décidez de diriger la lame autrement, l'aiguisage sera moins efficace et durera moins longtemps.

Est-il nécessaire de mettre la lame à plat?

Non. En fait, j'ai constaté que j'obtenais d'aussi bons résultats en laissant la lame sur le rasoir, mais en respectant l'alignement correct. Autrement dit, le manche du rasoir est pointé vers l'ouest ou l'est, et la lame renversée.

La taille de la pyramide joue-t-elle un rôle important?

Pas que je sache, et je n'ai lu aucun rapport disant que les résultats étaient plus rapides avec une pyramide plus grande. Drbal commença par employer une pyramide de 20,3 cm après quoi il s'aperçut qu'un modèle en carton ou en polystyrène de 7,6 cm de hauteur lui donnaient une centaine de rasages. Il est bien évident qu'avec de telles dimensions vous devrez enlever la lame du rasoir. Je tiens à préciser que le matériau de la pyramide utilisée ne semble pas créer de différence, en tous cas en ce qui a trait à l'aiguisage des lames.

La pyramide peut-elle aiguiser autre chose que des lames de rasoir?

Bien sûr. Le coiffeur Tony Sassoon s'en sert pour ses ciseaux et de nombreuses personnes y mettent leurs couteaux. J'ai moi-même un X-*acto* qui me sert depuis 3 ans, et qui m'a permis de faire des milliers de coupes dans du carton. Je me contente de le laisser sous une pyramide quand je ne m'en sers pas. Une lame bien aiguisée dès le départ fonctionnera plus longtemps une fois traitée.

Comment la pyramide peut-elle enlever les ternissures?

Je crois qu'il vaut mieux dire qu'elle les amolit. Il y a environ deux ans, j'ai entendu dire que la pyramide pouvait enlever la ternissure d'une pièce en argent et laisser des petits tas bien visibles autour de la pièce. Cela me paraissait un peu exagéré, même à *moi*. En faisant des tests, j'ai vu qu'en effet ces rapports étaient exagérés, mais que les résultats n'en étaient pas moins fascinants. Pour mon expérience, j'ai pris une pièce d'un demi-dollar à l'effigie de Kennedy, datant de 1964, et je l'ai placée au point «phi» d'une pyramide en polystyrène sans côtés de 15,2 cm de hauteur pour voir ce qui allait produire les petits tas. La pièce en question était très oxydée lorsque je la plaçai à l'intérieur de la pyramide. Après 3 jours, son aspect semblait inchangé; je la sortis donc et passai mon pouce sur la surface de la pièce. Ma peau était noire. Je frottai encore et découvris que la ternissure s'enlevait facilement de toutes les surfaces en relief. Je pris un chiffon pour atteindre les surfaces en creux, mais rien ne partit. À la suite de cela, je laissai la pièce dans la pyramide pendant 3 semaines, espérant que l'oxydation «se ramollirait». À ma grande déception, il n'y eut aucun changement. Apparemment, tout ce qui était faisable s'était produit au cours des trois premiers jours. Je pensai que l'huile de ma peau avait peut-être joué un rôle dans le processus (ne jamais oublier les variables!) et je recommençai l'expérience avec une autre pièce, en faisant attention de la manipuler avec un chiffon. J'obtins les mêmes résultats. Je recommençai avec du cuivre et de l'acier, sans plus de succès.

Et la pyramide empêche la formation des ternissures?

Soyons prudents et disons qu'elle la «retarde». Les objets qui s'oxydent ne ternissent pas aussi vite si on les traite sous une pyramide. C'est également vrai pour l'argenterie, les objets en cuivre, en fer et en acier. Je n'ai pas essayé d'autres matériaux.

Comment ce phénomène peut-il exister?

Je dois dire que cela me dépasse. Il se peut que l'effet omniprésent de déshydratation joue un rôle dans tout cela. Les ternissures proviennent de l'oxydation qui est accélérée dans un milieu humide. Si la pyramide crée un environnement où l'air est moins humide, cela explique peut-être le ralentissement de l'oxydation. Malheureusement, cela n'explique pas l'effet de ramollissement. Je crois qu'il s'agit d'une réaction électromagnétique, sans toutefois me sentir capable de l'expliquer.

Y a-t-il d'autres applications pratiques du phénomène?

À première vue, je peux dire qu'il peut réduire les problèmes d'entretien de certains appareils électriques dont le fonctionnement dépend d'un bon contact entre les pièces. Si l'action de ternissure est retardée, le contact électrique devrait se faire pendant plus longtemps.

Cet effet est également utilisé d'une autre façon ou, du moins, c'est la seule explication que j'ai de certains rapports étonnants. Je ne peux m'en porter garant, mais les personnes en question jurent qu'elles disent vrai. Je veux parler de l'utilisation des pyramides pour garder les moteurs de véhicules en bon état. Les gens affirment que les pyramides aident leurs voitures à mieux rouler. On dit qu'un conducteur a suspendu une pyramide aux solives de son garage et que cela «recharge» sa voiture pendant la nuit. Si l'on en croit le rapport, il n'a pas eu à changer l'huile ou le filtre, et n'a fait aucune réparation majeure après 250,000 km. Il a huilé le moteur, la transmission et le pont arrière normalement. Il ressort de ce rapport que l'énergie de la pyramide agit comme réductrice des frictions entre les parties mobiles. J'ignore si cette histoire est plus valable que celle des petits tas de ternissure. Tout ce que je sais, c'est qu'un de mes bons amis, conducteur de camion, garde toujours une pyramide au-dessus de son moteur, et est convaincu que c'est bénéfique. On affirme que les moteurs électriques fonctionnent mieux et plus longtemps sous une pyramide. Là encore, il faudrait essayer.

Pouvez-vous nous en dire plus sur le mystère du réveil?

C'est vraiment un mystère. À ma connaissance, la première personne à l'avoir observé est un habitant de Californie qui écrivit à Bill Cox, qui est un ardent chercheur et l'éditeur de *The Pyramide Guide*. La personne en question dit avoir construit une pyramide en carton et l'avoir placée sur son bureau, au-dessus d'un petit réveil du type que l'on emploie pour voyager. Apparemment, ce réveil n'avait pas fonctionné depuis 7 ou 8 ans, car on l'avait remonté trop fort. Après quelques jours, l'expérimentateur décida d'apporter le réveil chez un bijoutier. Il l'enleva de la pyramide et s'aperçut avec surprise que le aiguilles n'indiquaient plus la même heure qu'au début de l'expérience et, qu'en plus, le ressort était détendu. Il le remonta et le remit sous la pyramide pour la nuit. Le lendemain matin, le ressort était encore détendu et les aiguilles avaient bougé d'une heure et demie comparativement à la nuit précédente. Il fut impossible de dire si le réveil avait fonctionné pendant une heure et demie, ou un peu plus de 24 heures. Le rapport n'est pas très clair à ce sujet, mais il semble que la personne ait laissé ce laps de temps avant de revérifier le réveil. Il le remonta, mais le réveil ne fonctionna pas. Au troisième essai, il se produisit la même chose. Le ressort était détendu, les aiguilles s'étaient déplacées mais, une fois remonté, il continua à ne pas fonctionner. On peut donc dire que la pyramide n'a pas réparé ce réveil, mais qu'elle a agi dessus.

Cox tenta une expérience semblable dans des conditions différentes. Il commença par placer une pyramide en carton recouverte de papier d'aluminium au-dessus d'un petit réveil remonté, et le laissa pendant 24 heures, au bout desquelles il ne remarqua rien de particulier. Son réveil était debout, cette fois-là. Il recommença l'expérience en couchant le réveil, de sorte que le 12 était aligné vers le nord. Au bout de 24 heures, les aiguilles n'avaient pas changé de place, mais lorsque Cox voulut remonter le réveil, il lui suffit de faire deux tours. Ajoutons que ce réveil fonctionnait parfaitement avant de faire les expériences.

J'ai tenté l'expérience un jour sur une montre que j'avais trop remontée. Je la laissai sous la pyramide pendant 24 heures et, lorsque je vins l'observer, elle était encore trop remontée mais les aiguilles avaient bougé. J'en éprouvai une telle contrariété que je ne recommençai pas (ce qui n'est vraiment pas la chose à faire quand on se dit un vrai chercheur), et que je n'ai pas encore trouvé le temps de m'y remettre. Je dois dire qu'un bon nombre de chercheurs avec lesquels je suis en contact disent que leurs pendules et leurs montres réagissent bizarrement lorsqu'on les met sous une pyramide. Les résultats ne sont pas constants. Parfois, les ressorts se détendaient après avoir été forcés et se remettaient à fonctionner très bien par la suite. Parfois, les aiguilles se déplacent plus qu'elles ne devraient. Et il arrive aussi que rien ne se produise. Je suis tout à fait incapable d'expliquer de tels phénomènes. Il nous faudrait des essais contrôlés pour y voir clair. J'aimerais vraiment recevoir un rapport venant d'un chercheur dévoué qui, après avoir placé un réveil trop remonté sous une pyramide ouverte, passerait la nuit à surveiller un mouvement possible des aiguilles.

Parlez-nous des gemmes ou des cristaux en relation avec la pyramide.
Il existe plusieurs liens entre les cristaux et la pyramide et différentes façons de mener des recherches. Dans certains cas, on se penche sur la similitude des formes, dans d'autres sur la similitude de dégagement d'énergie. On a fait des expériences sur la croissance des cristaux, leur charge, et leur qualité d'amplificateurs.

Qu'entendez-vous par similitude de forme?
La forme de la pyramide est souvent comparée à celle d'un cristal, mais en réalité elle ressemble seulement à une moitié de certains types de cristal. Si vous placez deux pyramides base contre base, vous obtenez un octaèdre, qui est une figure géométrique de huit côtés. Les chercheurs trouvent fascinant que cette forme se trouve dans la formation naturelle des cristaux de certaines matières dont l'or, le chrome et la fluorine. Certains chercheurs essaient de tester si l'octaèdre ou pyramide double est générateur d'énergie, mais les résultats obtenus jusqu'à présent sont médiocres. D'autres veulent déterminer la génération d'énergie des cristaux octaédriques. Ceux de fluorine sont les plus faciles à obtenir, mais mes résultats sont très décevants. Il est possible que le caractère incomplet de la forme pyramidale crée une interaction dynamique de forces qui s'annulent ou diminuent une fois la forme complétée en octaèdre. C'est assez plausible, non? Il serait intéressant d'entendre quelqu'un qui a eu des résultats positifs avec des octaèdres. D'autres chercheurs sont en train de tester les qualités curatives de l'or formé en pyramides. Certaines villes de cures rapportent qu'on obtient de bons résultats en couvrant des gens de sable aurifère. Il y a donc lieu d'espérer que les expériences seront concluantes.

Disons en passant que la théorie de la dynamique incomplète ne semble pas applicable au tétraèdre, souvent décrit comme une pyramide à trois côtés (quatre en comptant la base). C'est une forme géométrique complète et pourtant son champ d'énergie est très actif. Toutefois, il n'existe pas de cristaux naturels ayant cette forme, du moins à ma connaissance.

Certains cristaux dégagent-ils naturellement la même énergie que celle des pyramides?

Disons qu'ils dégagent une énergie qui a tout l'air d'être la même. Je crois que c'est le cas de tous les cristaux, avec une plus ou moins grande intensité. Un des meilleurs générateurs de ce type est, après maintes expériences, le quartz ordinaire. Un scientifique du nom de Reichenbach démontra, au XIXe siècle, la présence d'un flux polarisé d'énergie provenant de cristaux de quartz naturels. Telles que décrites, les propriétés de l'énergie sont semblables à celles que l'on attribue de nos jours à la pyramide. Par exemple, si l'on garde un cristal de quartz au-dessus ou au-dessous d'un verre d'eau, ou si l'on s'en sert pour tourner l'eau, celle-ci se chargera en quelques minutes, suivant le même processus que celui de la pyramide. Au cours d'une série de tests, tous mes sujets pouvaient sentir le flux d'énergie émanant de la pointe d'un cristal de quartz, et ils décrirent les sensations comme identiques à celles que leur procurait la pyramide. Le fait intéressant dans tout cela est que le quartz est bien connu et très employé pour ses propriétés électriques: si on tord du cristal, il génère un courant électrique. C'est ce qui a servi de base aux vieux postes de radio à cristaux, et qui reprend aujourd'hui. Il s'agit d'un autre exemple du lien étroit entre l'énergie des pyramides et l'électricité.

On a utilisé les cristaux de quartz comme amplificateurs dans des pyramides et les résultats obtenus sont intéressants. Étant donné que la pyramide et le quartz dégagent tous deux de l'énergie, il serait logique que les deux mis ensemble donnent des effets accrus. C'est exactement ce qui semble avoir eu lieu. Pour ce genre de travail, on place généralement le cristal au fond de la pyramide, ou bien on le suspend du sommet, de façon à ce qu'il pointe en direction de la Chambre du Roi.

Certaines personnes ont même pris la peine de tailler du quartz en forme de pyramide pour voir quels effets se produiraient. J'ai eu l'occasion de faire une expérience avec une pyramide en quartz de ce type, faite par Marcel Vogel, chercheur en cristallographie à San Jose en Californie et mieux connu pour ses recherches sur les communications entre les hommes et les plantes. Le docteur Vogel utilise les cristaux de quartz comme transmetteurs de pensée. Dans une expérience commune, il se servit d'une pyramide en quartz de 2,5 cm de haut pour me transmettre un rayon d'énergie, alors que je me trouvais à 22,86 mètres. Je ressentis ce rayon de façon très forte, exactement comme si je m'étais trouvé debout sous une grande pyramide fermée.

Quel effet a la pyramide sur la formation du cristal?

Les résultats sont encore incertains. Sachez qu'il est possible de produire certains cristaux chez vous, en solutions chimiques. Certains rapports ont noté que la pyramide cause une formation cristalline anormale. Mais vous verrez que cela se produit parfois sans pyramide, même si quelque chose d'étranger à la pyramide cause une réaction d'énergie similaire. Ici encore, nous avons besoin d'expériences contrôlées — j'espère que vous ne vous fatiguerez pas de mes répétitions. Il est surprenant de voir qu'aucune expérience contrôlée n'a encore été rapportée à ce sujet.

Pourquoi n'avez-vous pas fait vous-même tous ces tests contrôlés s'ils sont si importants?

Je m'attendais à ce que vous posiez la question. Disons que si ce livre me rapporte un million de dollars, je promets de m'y mettre. Chaque fois que l'on doit faire des expériences dans un petit coin, à temps perdu et en tenant compte du fait que les idées nouvelles n'arrêtent pas de sortir, il restera toujours quelque chose à faire. Même si des laboratoires existent pour ce genre de travail, il y a encore beaucoup trop d'idées proportionnellement aux installations et au temps disponibles. C'est la raison pour laquelle je tiens à présenter le plus grand nombre possible d'idées au grand public. J'espère que cela intéressera suffisamment de monde, et que chacun se mettra à la tâche. Nous risquons de laisser inexplorés plusieurs aspects de ce domaine si nous nous renvoyons la balle en ne prenant aucune initiative.

Quelle est la place du magnétisme, exception faite de la question d'alignement?

Vous serez peut-être surpris de lire que les aimants dégagent ce que nous appelons l'énergie des pyramides. À la fin du XVIIIe siècle, Anton Mesmer utilisa des aimants pour guérir des malades et pour charger l'eau. C'est ce même savant qui découvrit l'hypnotisme (appelé le mesmérisme). Au XIXe siècle, Reichenbach confirma de nombreuses découvertes de Mesmer et en fit de nouvelles. Ces dernières années ont vu la naissance de l'excellent travail en biomagnétisme (rapport entre le magnétisme et le système vivant) notamment celui d'Albert Roy Davis et de Walter Rawls, en Floride. Un aimant peut produire tous les phénomènes d'une pyramide. Comme je l'avais fait avec les cristaux de quartz, j'ai testé des sujets mis en présence d'aimants et les réactions obtenues sont les mêmes que celles de la pyramide. Il existe une autre preuve objective du phénomène, et je dois ici me lancer quelques fleurs... Je suis le premier à avoir aiguisé une lame de rasoir grâce à un accumulateur à orgone (j'ai obtenu jusqu'à 800 rasages en utilisant un appareil de mon invention), ce qui montrait l'existence incontestable d'un lien entre l'orgone et l'énergie des pyramides. Je suis en train de faire la même chose avec des aimants. Utilisant une lame en acier inoxydable qui avait déjà donné 90 rasages après traitement avec un appareil formé de diverses couches, j'ai pu obtenir 25 rasages supplémentaires grâce à l'utilisation d'un aimant. Je m'attends à ce que le phénomène d'aiguisage continue pendant un certain temps. Cette expérience est également une première.

Les aimants font de meilleurs amplificateurs de pyramide que les cristaux parce qu'ils semblent dégager plus d'énergie. Mon propos n'est pas d'identifier l'énergie des pyramides avec le magnétisme. Ils sont très différents bien qu'il existe une importante relation entre eux, relation comparable à celle qui existe entre l'électricité et le magnétisme. Là encore, il y a une différence, mais un aimant en mouvement crée un courant électrique et un courant électrique génère un champ magnétique. Ainsi, on peut dire qu'un aimant émet une énergie de type pyramidal, mais que c'est aussi le propre de matériaux non magnétiques.

Comment se sert-on d'un aimant comme amplificateur d'énergie?

Le plus simple est de placer l'aimant n'importe où sur la base d'une pyramide. Cela augmentera le nombre de rasages, s'il s'agit d'une lame; mais faites attention si vous traitez des plantes car il est facile de leur donner une trop forte dose. Même chose pour les humains.

La puissance de l'aimant fait-elle une différence?

Oui, jusqu'à un certain point, mais il arrive un moment où les biosystèmes ne réagissent plus. L'emplacement exact de la puissance du champ n'est pas clair et je vous conseillerais de lire les livres de Rawls et Davis dont vous trouverez les titres à la fin de ce livre.

N'a-t-on remarqué aucun effet magnétique avec la pyramide elle-même?

Si, mais ils sont plutôt étranges. En voici une liste non exhaustive.
— Certains chercheurs rapportent que des pyramides suspendues, qu'elles soient ou non en carton, ont fréquemment tendance à s'aligner sur le pôle magnétique.

— Un chercheur rapporte qu'une pyramide en acier placée au-dessus d'une boussole désoriente l'aiguille de 38 degrés vers l'est et que, si l'on suspend cinq pyramides les unes au-dessus des autres, le changement de direction de l'aiguille est de 90 degrés vers l'est.

— Kerrell, dont j'ai déjà cité le nom, a employé un analyseur de champ magnétique sur une pyramide à structure d'acier de 50,8 cm de base, et a obtenu des lectures fluctuantes en différents points le long de la base et des coins. Ceci n'aurait pas dû être possible, d'après nos connaissances actuelles en magnétisme.

— Un homme qui a construit une pyramide dont la base mesure 35,5 cm et faite en feuilles d'acier, s'est aperçu qu'en déplaçant une boussole de bas en haut, l'aiguille faisait demi-tour aux deux tiers de la distance séparant la base du sommet.

On continue à faire des recherches dans de grandes universités. Des mesures magnétiques précises nécessitent un équipement très compliqué, et je suis content que certains scientifiques s'intéressent enfin aux pyramides.

Quelle est la définition d'une bonne expérience «non organique»?

En supposant que vous soyez débutant dans le domaine de l'énergie des pyramides, je vous conseillerai de faire l'expérience de la lame de rasoir. Si vous voulez un test de comparaison qui ne prenne pas trop de temps, employez des lames bleues Gillette, par exemple. Procurez-vous un paquet de lames, et utilisez une lame comme d'habitude. Lorsqu'elle ne rase plus bien (5 rasages représentent un maximum en ce qui me concerne), placez-la sous une pyramide tel que décrit plus haut, entre deux rasages. Un traitement de 24 heures donne les meilleurs résultats. Prenez des notes et, si vous constatez des cycles néfastes, n'oubliez pas de noter aussi les conditions atmosphériques ou tout autre facteur que vous jugez responsable de votre échec. Les lames en acier inoxydable durent beaucoup plus longtemps que les lames bleues, aussi ne perdez pas patience si ce sont elles que vous utilisez. Certaines personnes disent obtenir de bons résultats avec les lames de leur rasoir électrique. Je ne les ai pas essayées personnellement, c'est donc à vous de voir comment les traiter.

DÉPANNAGE

L'orientation et l'alignement sont très importants dans les expérien-ces d'aiguisage de lame. N'oubliez pas de vérifier ces facteurs si vo: résultats laissent à désirer. Vérifiez aussi si vous n'êtes pas trop près de grandes masses d'acier ou de fer, qui pourraient contrarier les lectures de votre boussole. Drbal conseillait aux expérimentateurs de s'éloigner des appareils électriques. Il pensait aux interférences de micro-ondes, mais je crois qu'il s'agit plutôt de champs magnétiques créés par le courant électrique. Dans mon expérience, ce facteur est critique seulement lorsqu'il importe d'avoir une orientation très précise. Mais je ne trouve pas que ce soit grave lorsque je fais des expériences de déshydratation ou lorsque je charge de l'eau.

Je ne peux vous en dire plus en ce qui concerne les autres expériences non organiques mentionnées dans ce chapitre, parce que nous manquons de renseignements permettant de déterminer des méthodes de dépannage, autres que le bon sens. Considérez ce domaine comme largement ouvert à l'expérimentation.

8 Les pyramides et l'électronique

L'humanité rêve depuis toujours de trouver une source d'énergie gratuite ou du moins peu coûteuse. L'énergie éolienne a parfois rempli cette condition. L'énergie solaire, actuellement onéreuse, sera probablement beaucoup plus économique dans l'avenir. Au début du siècle, Nicolas Tesla, un génie en électricité, fit un essai manqué d'«électrification» du globe qui aurait permis à un individu de subvenir à ses besoins en électricité en plantant un poteau où bon lui semblerait.

On dit actuellement des pyramides qu'elles sont la source d'énergie gratuite de l'avenir. C'est une hypothèse optimiste. Au moment où les pyramides, ou un de leurs dérivés, seront capables de fournir une énergie efficace en quantité suffisante, vous pouvez être sûrs que le système sera déjà entre les mains de manufacturiers et de compagnies qui fourniront l'énergie des pyramides au prix fort. Bien sûr, si quelqu'un doit payer pour le développement, il est normal qu'il en profite. De toutes façons, ne croyez pas que vous ferez marcher vos appareils en mettant une pyramide en carton sur votre toit. Nous savons qu'il existe une relation entre l'énergie des pyramides et l'électricité, et les résultats obtenus, même à ce stade élémentaire, sont fascinants. Commençons par ce qui semble être une conversion directe de l'énergie des pyramides en électricité utilisable: la charge des piles.

Les pyramides peuvent-elles vraiment recharger les piles?

C'est l'avis de très nombreuses personnes. Laissez-moi vous citer un rapport de l'un de mes chercheurs qui est un exemple typique des compte-rendus que je reçois: «J'ai construit une pyramide pour mon fils de onze ans en lui parlant de ses pouvoirs, etc. Quelques semaines plus tard, je partais au marché et je demandai à mon fils s'il avait besoin de piles pour son magnétophone. Il me répondit que non parce qu'il les plaçait sous sa pyramide, et qu'elles se rechargeaient. Il avait trouvé ça tout seul.»

A-t-on fait des tests?

Le compte-rendu d'un de ces tests a été publié dans un numéro du bulletin *The Pyramid Guide* (janvier-février 1974). L'expérimentateur avait acheté deux paquets de piles de type «D», contenant chacun deux piles, et il en avait marqué une de chaque paquet pour être certain qu'une paire ne s'userait pas avant l'autre. Il mit les quatre piles dans un chargeur pendant 24 heures, pour leur donner une charge optimum. Il plaça les piles non marquées sur une tablette, mit les autres dans la pyramide (taille non indiquée) et les y laissa pendant une semaine. Ensuite, les deux paires furent placées dans des lampes de poche qu'il laissa allumées pendant 4 heures, i.e. jusqu'à ce que la lumière émise devint très faible. Il éteignit ensuite les lampes de poche pendant une semaine. Après quoi, la lampe de poche «non marquée» ne s'allumait plus; on constata que les piles étaient couvertes d'acide. La lampe de poche «pyramidée» donnait environ 50 pour cent de sa lumière.

Ensuite, le chercheur laissa la lampe de poche «pyramidée» allumée pendant une heure quotidiennement et ce, pendant cinq jours: au cours de cette période, la lumière devint très faible. Il laissa la lampe de poche (apparemment éteinte, mais ça n'est pas précisé) sur une tablette pendant un mois. À ce moment-là, elle ne donnait plus de lumière. Les piles furent placées dans la pyramide pendant 24 heures puis remises dans la lampe. La lumière émise était à peu rès de 25 %, pour devenir très faible au bout de 2 heures. Il plaça encore les piles sous la pyramide pendant une semaine entière. Au dernier test, les piles donnèrent un «grand éclair d'appareil photo», et rendirent l'âme définitivement. D'après cette évaluation, les piles non traitées produisirent de la lumière pendant 4 heures, alors que les batteries traitées en produisirent pendant 12 heures.

Existe-t-il quelque chose de plus strictement contrôlé?

Je suis content que vous posiez la question. Voici le rapport d'un test que j'ai entreprise. Le *Manabox* est un dispositif de mon invention qui émet une énergie semblable à celle de la pyramide. J'appelle cette énergie *mana*.

«But: tester l'effet rechargeant de l'énergie mana sur les piles. Procédure: quatre piles pour lampe de poche (de format «C» et de marque

Tosari) achetées et testées à l'aide d'un multimètre SANWA, modèle U-50 DNC, avec une charge de lampe no 44. Les quatre piles produisaient 1,55 volt et je les numérotai de 1 à 4. Je les mis en circuit sur les voltages suivants:

No 1 — 0,2 volt
No 2 — 0,1 volt
No 3 — 0,3 volt
No 4 — 0,2 volt

«Les piles furent laissées pour la nuit et vérifiées à nouveau, de la même façon, le lendemain matin. Je les distribuai ensuite comme suit: No 1 sur un *Manabox* en aluminium et plastique 40 épaisseurs; No 2 sur un *Manabox* en cuivre et plastique d'une épaisseur; No 3 dans une pyramide en styrène de 15 cm de haut; No 4 gardée comme contrôle. Les piles furent toutes vérifiées quotidiennement le matin vers 9 h. 30 pendant une semaine, puis à des intervalles d'une semaine pendant 2 semaines. Elles furent ensuite enlevées des installations et revérifiées 24 heures plus tard.

Résultats: (V = volt)

	No 1	No 2	No 3 Pyramide	No 4 Contrôle
Jour 1 (prétest)	0,95V	0,9V	0,95V	0,95V
Jour 2	1V	1V	1V	1V
Jour 3	1,05V	1V	1,05V	1V
Jour 4	1,09V	1,01V	1,05V	1,01V
Jour 5	1,1V	1,05V	1,1V	1,05V
Jour 6	1,1V	1,05V	1,1V	1,05V
Jour 7	1,15V	1,09V	1,1V	1,05V
Jour 14	1,1V	1,09V	1,09V	1,05V
Jour 21	1,2V	1,19V	0,9V (?)	1,1V (?)
Jour 22	Aucun changement dans les piles			

«Commentaires: Bien que les quantités soient minimes, il est clair que les piles du test accusent une augmentation de voltage par rapport aux piles du contrôle au cours de la première semaine. Même le no 2 qui avait, au départ, 0,5 V de moins que les autres a dépassé le contrôle le septième jour.

«La perte de 0,5V du no 1 pendant la deuxième semaine est troublante ainsi que l'augmentation de 0,1V la semaine suivante. Il en va de même pour l'augmentation de 0,1V du no 2 pendant la même semaine. Remarquez que le no 4 a également augmenté de 0,5V pendant cette même semaine, après être resté stable à 1,05V pendant une semaine et demie.

«Quelle pouvait être la cause de ces montées et de ces chutes dans la dernière semaine? Les dispositions du test étaient les mêmes. Les conditions atmosphériques? Le temps était assez stable. Des taches solaires? La réception radio paraissait normale. Des énergies planétaires? Vénus était en droite ligne au Jour 15, et Mercure rétrograde au Jour 17. Selon l'astrologie traditionnelle, lorsque Mercure est rétrograde, il est censé affecter notre énergie mentale et, en mythologie, Mercure est le même dieu qu'Hermès/Thoth qui avait une relation quelconque avec les pyramides. Cela peut sembler tiré par les cheveux, mais en face d'une inconnue, nous devons tout envisager.»

Il est regrettable que je n'aie pas mené des tests sur la lame de rasoir au même moment. Il eut été intéressant de voir si une baisse de l'acuité de la lame aurait coïncidé avec la chute de voltage de la pile traitée dans la pyramide. Je propose deux hypothèses basées sur l'expérience ci-dessus: l'une est que l'énergie de la pyramide peut être convertie en énergie électrique; l'autre, que l'énergie de la pyramide est sujette à des fluctuations dont les causes demeurent inconnues.

Quelqu'un d'autre a-t-il déjà montré une telle conversion électrique?

À l'exception de ceux qui affirment régulièrement que leurs piles sont rechargées par la pyramide, le seul exemple que je connaisse a été rapporté par un lecteur d'Allemagne de l'Ouest dans le *Pyramid Guide* de novembre-décembre 1974. Je vous cite la lettre au complet:

«Il y a quelques mois j'ai lu dans le *Bavarian Staatsbibliothek* un article intéressant écrit par un ami allemand (ou autrichien?) de Karl Drbal. Il avait fait l'expérience suivante: il plaça un verre d'eau sous un modèle de pyramide et il immergea dans le verre deux électrodes du *même* métal (des électrodes de ce type ne produisent généralement pas de courant, comme vous le savez). Un galvano relié au verre donna une faible réponse, en dépit de la similitude des métaux. Plus tard, il remplaça le galvanomètre par un oscillographe et obtint des lectures très intéressantes. J'espère que le magazine n'est pas épuisé. Si vous êtes intéressé, vous pouvez le commander en écrivant à: Herold-Verlag, 8000 Munchen 71 (Allemagne de l'Ouest). Le nom du périodique: *Zeitschrift für Radiesthesie*, no 2, avril/juin/août 1973.»

Il doit être facile de refaire cette expérience si vous avez quelques connaissances en électricité. Pourquoi ne pas essayer?

Si les pyramides peuvent affecter les moteurs mécaniques, peuvent-elles aussi affecter les appareils électriques?

Curieusement, la réponse pourrait bien être affirmative. Bill Cox, éditeur du *Pyramid Guide*, affirme que la pyramide aide à maintenir le bon fonctionnement de son rasoir électrique. Je me suis moi-même servi d'appareils à énergie des pyramides pour 'améliorer la réception de ma radio et de ma télévision, et aussi pour réallumer les lumières de mon réveil électrique, qui était tombé en panne.

L'idée d'utiliser un dispositif pour améliorer ma réception de télévision m'est venue en lisant un autre compte rendu paru dans le numéro de mars-avril 1973 du *Pyramid Guide*. Le chercheur recevait très mal les émissions télévisées de son poste. Comme il venait de finir une pyramide en feuille d'aluminium de 22,8 cm de haut, il décida de la mettre au-dessus du tube à rayons cathodiques. Au début, il n'y eut aucune amélioration, mais après deux semaines la réception de l'image était nettement meilleure, et très bonne au bout de trois semaines. Imputant ces améliorations à un changement de temps, il décida de continuer l'expérience avec son téléviseur couleur cette fois. La réception était très bonne sur les canaux 2 et 4, mauvaise au 5 et au 13, et normale pour le reste des canaux.

Il prit du fil à tableau pour suspendre la pyramide au-dessus du téléviseur et du tube à rayons cathodiques. Il attacha une portion du fil qui tenait la pyramide à la descente d'antenne au dos du téléviseur. Il fixa un fil allant d'une extrémité de l'antenne du toit à l'autre descente d'antenne. Les canaux 5 et 13, qui lui avaient posé des problèmes, rentrèrent très bien, mais le 2 et le 4 — les meilleurs canaux jusque là — n'émettaient plus qu'en noir et blanc.

Le chercheur débrancha la pyramide, et il accrocha l'antenne du toit aux deux descentes. Le 2 et le 4 marchaient très bien, et le 5 et le 13 étaient à nouveau mauvais. Quant aux autres canaux, ils restèrent semblables à eux-mêmes. L'expérimentateur faisait remarquer que, grâce à la pyramide, il avait pu regarder les combats du jeudi soir, en couleur, pour la première fois en trois ans.

Il essaya ensuite deux pyramides, l'une reliée à chacune des descentes d'antenne, l'antenne du toit étant complètement débranchée. Cette fois, tous les canaux rentrèrent bien, mais la couleur n'était pas égale, et l'image était floue. Il termina en disant qu'il allait essayer de monter des antennes sur le toit et de faire des antennes «pyramides» en entourant du fil électrique autour de la structure.

**Pouvez-vous donner d'autres exemples où les pyramides
sont reliées à l'électricité?**

Vous savez, d'après ce qui précède, que l'énergie des pyramides peut être transmise le long d'un fil, un peu comme l'électricité. Une nouvelle utilisation de cet effet et qui comporte de nombreuses implications s'obtient en combinant une pyramide, une bobine et un condensateur réglable. La première fois que j'eus connaissance de cela, je me trouvais dans le laboratoire P.E.S. de Los Angeles, que dirige Al Manning. J'ignore si l'idée est l'invention de Manning, mais il vend cette installation sous le nom de *Atlantean Generator* (générateur d'atlante).

J'ai construit mes versions de ces combinaisons et je vais vous en donner un compte rendu. Le principe de base consiste à attacher un fil de cuivre à une pyramide du type et du matériau de votre choix. Vous pouvez le fixer au sommet, le faire courir le long de la base ou le relier aux coins: je n'ai vu aucune différence. Attachez l'autre extrémité du fil à une bobine d'induction à multiplication ou à un transformateur. Si vous n'avez aucune connaissance en électricité, prenez un fil solide

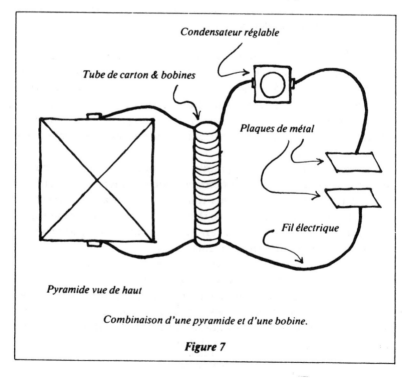

Condensateur réglable

Tube de carton & bobines

Plaques de métal

Fil électrique

Pyramide vue de haut

Combinaison d'une pyramide et d'une bobine.

Figure 7

de l'épaisseur d'un fil téléphonique, ou un fil comme ceux que l'on trouve dans la plupart des jouets électriques. Il est étrange de voir que le fil peut être isolé ou non, sans que cela change quelque chose. Prenez l'extrémité libre du fil qui pend de la pyramide et enroulez-le une soixantaine de fois autour d'un tube en carton. (Le tube d'un rouleau de papier hygiénique fera l'affaire). Attachez l'autre extrémité du fil à la pyramide. Ensuite, prenez un autre fil, et faites 100 tours autour du tube, en sens inverse. Il vous faudra peut-être un peu de papier collant pour tenir la bobine entière. Le deuxième fil va au-dessus du premier. Attachez une des extrémités libres du second fil à un condensateur réglable. Cela ressemble au bout de réglage d'un poste de radio. Vous devriez pouvoir en trouver un qui convienne dans un magasin d'équipement radio pour deux ou trois dollars. Emmenez un autre fil du condensateur à une pièce plate d'aluminium ou de cuivre dont un des bords est courbé pour qu'il puisse se tenir debout. Prenez l'autre extrémité libre du second fil, et attachez-la à une pièce de métal identique, placez les deux plaques face à face, en laissant de 60 à 150 mm entre elles (voir la fig. 7). Voilà. Vous avez une combinaison Pyramide/Bobine.

D'accord, mais comment l'utiliser?

De la même façon que la pyramide. Chaque plaque émet un champ d'énergie qui se trouve intensifié par la position de face à face. Vous placerez ce que vous voulez traiter dans cet espace. Cette installation comporte deux avantages intéressants. Premièrement, la bobine à induction amplifie l'énergie qui vient de la pyramide lorsque la deuxième bobine compte plus de tours que la première. En faisant des mesures «radioniques»* on ne constate pas d'augmentation dans le dégagement d'énergie si les deux fils comptent le même nombre de tours. Le deuxième fait intéressant est que le courant d'énergie est modulé par le condensateur réglable, i.e. que le flux est affaibli ou augmenté lorsqu'on tourne le cadran. Ainsi, en introduisant des éléments électriques, nous avons produit des caractéristiques de type électrique.

Pouvez-vous dire comment cela se fait?

J'ai mes petites idées là-dessus. Verne Cameron, un des pionniers dans la recherche sur l'énergie des pyramides, trouva que les bobines dégageaient le même type d'énergie. Mon équipe et moi-même avons

---

* La «radionique» est une forme de radiesthésie qui utilise divers appareils, instruments et machines pour obtenir des mesures précises.

démontré ce phénomène maintes et maintes fois depuis. L'installation décrite plus haut dégagera de l'énergie par elle-même. Vous pourrez en faire l'expérience en plaçant votre main près de l'extrémité libre du tube autour duquel sont enroulés les fils. Si vous êtes capables de sentir l'énergie émanant du sommet de la pyramide, vous devriez sentir les mêmes sensations dans ce cas-là. Toutefois, dans le cas qui nous intéresse, même deux bobines ayant le même nombre de tours de fils devraient multiplier la sortie d'énergie. Cet aspect devrait être étudié plus à fond.

Comme pour le condensateur réglable il s'agit essentiellement d'une plaque ajustable munie de plusieurs couches d'orgone. Pour vous donner un bref historique, sachez qu'entre les années 30 et les années 50, un scientifique du nom de Wilhelm Reich mit au point un dispositif composé de plusieurs couches alternées de matériau métallique et organique qui, apparemment, recueillait ou accumulait une énergie qu'il appela «orgone». J'ai depuis donné la preuve que l'orgone est identique à l'énergie des pyramides (j'ai un livre en préparation sur nos expériences avec des appareils à orgone et leurs perfectionnements). La similitude entre un appareil à couches d'orgone et un condensateur/compensateur électrique m'intriguait beaucoup et, à force de faire des expériences, je trouvai que même des unités électriques ordinaires accumulent et irradient un champ d'énergie semblable à celui de la pyramide, qu'ils soient ou non reliés à un courant électrique. La surface de plaque est un des facteurs qui permettent la production d'orgone avec des appareils stratifiés; en fait, ceux-ci semblent suivre toutes les lois de la capacité électrique. Un condensateur réglable détermine l'intensité de la surface de plaque et, à supposer que mes théories soient exactes, la production d'orgone. Si vous réalisez l'installation décrite dans ce chapitre, vous devriez sentir une différence d'énergie entre les deux plaques d'extrémité en tournant le bouton du condensateur.

Pouvez-vous nous donner des applications pratiques?

La première qui me vient à l'esprit s'applique aux plantes. Nous avons dit que certaines plantes étaient hypersensibles à l'énergie des pyramides. Grâce à l'installation CPB (combinaison pyramide/bobine), vous pouvez varier la quantité d'énergie dirigée vers la plante en ajustant le condensateur et la distance qui sépare les plaques. Si vous pouvez vous procurer un condensateur gradué, les résultats n'en seront que plus précis. Si vous savez vous servir d'un pendule, vous trouverez rapidement l'ajustement qui convient à telle ou telle plante. Je suis sûr que vous trouverez vous-même d'autres applications.

Existe-t-il d'autres correspondances avec l'électricité?

Un autre domaine qui reste à explorer est celui de l'électricité statique. S'il y a champ d'électricité statique, il existe quelques effets d'énergie des pyramides, mais le contraire n'est pas toujours vrai. Ainsi, l'énergie des pyramides n'est pas la même que celle de l'électricité statique — contrairement à ce que certains semblent prétendre — mais il existe entre elles une étroite relation. Je m'attends à ce que l'étude de l'énergie des pyramides nous donne beaucoup d'autres renseignements sur l'électromagnétisme.

Peut-être avez-vous déjà entendu parler d'une «plaque d'énergie des pyramides». C'est une plaque d'aluminium généralement anodisé (enduite) qui produit un champ d'énergie semblable à celui de la pyramide. On peut l'utiliser pour aiguiser des lames, traiter de l'eau, etc. Mais elle diffère de la pyramide car la charge d'énergie atteint un point mort et il faut alors recharger la plaque en la laissant sous une pyramide ou sur une grille de pyramides. Il faut noter que la plaque a été préalablement chargée par le passage d'un courant de 100,000 volts d'électricité statique. Autrement dit, cette dernière joue le même rôle que la pyramide.

Vous pourrez en faire l'expérience vous-même si vous avez accès à un générateur électrostatique ou à une bobine Tesla. Pour quelques tests simples, je me suis contenté de charger une plaque de cuivre à usinage d'environ 5 cm^2 (obtenue dans un magasin de bricolage) pendant une minute à 50,000 volts, et je l'ai ensuite comparée à une plaque identique mais non chargée. Servez-vous en pour adoucir le goût de votre café ou aiguiser votre lame de rasoir. Ça marche!

Pouvez-vous nous donner un autre exemple d'expérience qu'un débutant peut faire et qui montre bien la relation entre la pyramide et l'électricité?

Je vous suggère l'expérience qui consiste à recharger des piles. Prenez deux lampes de poche de marque identique, bon marché, et assez petites pour qu'elles s'ajustent à une pyramide dont la base mesure de 22 à 25 cm (hauteur 15,25 cm). Procurez-vous un paquet de 4 piles si c'est possible; sinon, essayez d'obtenir des piles du même «âge». Vous pouvez aussi mélanger des piles de 2 paquets, pour assurer une répartition égale. Mettez les piles dans les lampes de poche, et laissez-en une (toujours la même, bien entendu) sous une pyramide pour la nuit. Placez l'autre sur une tablette à bonne distance de la première. Le lendemain, et chaque jour qui suivra jusqu'à la fin du test, laissez les deux lampes allumées pendant deux heures. Puis rangez-les à leur place habituelle. Notez les différences de luminosité de chacune, ainsi que tout autre facteur remarquable. Terminez l'expérience lorsqu'une des lampes ne fonctionnera plus.

Ce test devrait vous en apprendre assez sur la propriété des pyramides, mais je vous rappelle qu'il faut être circonspect avant de tirer des conclusions définitives.

DÉPANNAGE

Je ne vois rien à ajouter à ce qui a déjà été dit, sauf insister sur le bon sens.

9 La pyramide machine à souhaits

Ce chapitre paraîtra fou à la majorité d'entre vous. Si on se place du point de vue traditionnel de la physique, ce n'est pas très scientifique (beaucoup moins que tout ce que nous avons dit précédemment), mais si l'on se place du point de vue des nouvelles sciences parapsychologiques et paraphysiques, c'est très valable. De toutes façons, il ne saurait y avoir d'étude complète de l'énergie des pyramides sans une discussion de cet aspect.

Qu'entendez-vous par «machine à souhaits»?

Je veux dire que, depuis qu'on a découvert que la pyramide était une source d'énergie, on s'en est servi pour réaliser des rêves ou des voeux. La pyramide a longtemps été un symbole de puissance et de sagesse occultes et il existe dans la société occidentale un courant sous-jacent de croyance en la magie qui est très fort et qui se trouve légèrement teinté de rationalisme scientifique. C'est une des raisons pour lesquelles tant de publicistes utilisent le mot «magique» dans leurs réclames.

Mais ne s'agit-il pas simplement de superstition?

En ce qui a trait à la pyramide, je dois dire, au risque de paraître ambigü: oui et non. Oui, c'est de la superstition de croire que la pyramide, ou l'énergie de la pyramide, toute seule, peut apporter des changements dans les conditions et les événements. Non, ce n'est pas de la superstition lorsqu'on utilise la pyramide avec d'autres principes créant des changements d'expérience, même si cela se fait inconsciemment, ce qui est le plus souvent le cas.

Êtes-vous en train de dire que ça fonctionnera si vous y croyez?

Pas vraiment, bien que croire en la pyramide en renforce certainement les effets. Je dis que cette croyance, même si elle est indépendante de la pyramide, a certains effets et peut modifier l'expérience.

Comment peut-on exaucer des souhaits en se servant de la pyramide?

Les méthode sont nombreuses et vont de la plus simple à la plus compliquée. La façon la plus simple consiste à écrire votre souhait sur un morceau de papier et de le coller sous une pyramide correctement orientée. Mais si c'est tout ce que vous faites, autant vous abstenir. L'étape importance qui suit est le renforcement. Cela veut dire qu'il faut relire chaque jour ce que vous avez écrit et vous en souvenir aussi fréquemment que possible, jusqu'à ce que le voeu soit exaucé. Il est important de ne pas changer ce que vous avez écrit, à moins d'être sûr de ne plus le vouloir. Plus vous changez le souhait souvent, moins le processus est efficace.

Quelle est la différence entre cette méthode et l'autosuggestion?

La différence réside dans l'*énergie* supplémentaire que vous mettez dans votre souhait, à l'aide de la pyramide. J'y reviendrai plus en détail à la fin de ce chapitre.

Quels sont ces moyens plus complexes dont vous parliez?

Voici une méthode utilisée par un certain nombre de gens. C'est plus ou moins le système mis au point par Al Manning du Laboratoire de *P.E.S.* On se sert communément d'une pyramide de 15 cm de hauteur. Elle peut être telle quelle ou chaque face peut être peinte d'une couleur différente. Les couleurs fréquemment choisies sont le rouge, le bleu, le vert et le iaune. Si le souhait est d'ordre émotif, on place le côté rouge face au nord; si l'on veut guérir, c'est le côté bleu; pour l'argent, c'est le côté vert; pour des souhaits d'ordre intellectuel, c'est le jaune. On écrit les souhaits sur des papiers de même couleur, puis on les place à l'intérieur de la pyramide sur une plate-forme (souvent appelée l'«autel» en l'occurrence) conçue pour être à la hauteur du point phi. Manning donne des chants à utiliser pendant que vous êtes occupé à placer vos papiers, mais certaines personnes se contentent de dire le souhait trois fois à haute voix. Chaque jour qui suit, tenez vos mains au-dessus du côté nord de la pyramide et répétez le chant ou le souhait. Une autre méthode un peu plus compliquée consiste à laisser le papier où est inscrit le souhait à l'intérieur de la pyramide pour une période prédéterminée, telle que 3, 7 ou 9 jours. Après quoi, vous sortez le papier et vous le brûlez, en vous servant de votre imagination pour sentir le souhait sur le point de se réaliser. L'idée est que vous avez «chargé» le souhait à l'intérieur de la pyramide et que vous pouvez ensuite le lâcher pour qu'il s'accomplisse. Certaines personnes tiennent compte également des phases de la lune, profitant de la lune croissante pour accomplir de nouvelles choses, et de la lune décroissante pour rompre d'anciennes conditions.

Comme vous le voyez, cette méthode utilise énormément la suggestion. C'est ce que j'appelle de la «décoration», parce que ça n'est pas essentiel au processus même; mais cela peut s'avérer extrêmement utile pour gagner l'aide du subconscient.

Un autre exemple de «décoration» utile est la construction d'une pyramide pour un projet spécifique. Un de mes amis en fait pour le public et se donne beaucoup de mal pour bien le faire. Par exemple, si une personne lui commande une pyramide pour faire des souhaits d'argent, mon ami transformera une simple pyramine en carton en véritable «temple de la prospérité». Il peindra la pyramide en vert, avec une bordure or, ou vice versa. Il dessinera des lignes sur les parois pour donner l'impression de briques ou de blocs, et peindra un grand signe $ sur la partie orientée vers le nord. Il collera un galon sur le bord. Ensuite, il fera la base qui dépasse de quelques centimètres le fond de la pyramide. Une allée entourera la pyramide, et portera plusieurs décorations avec le signe du dollar. À partir du côté nord, un somptueux sentier fait d'un matériau d'aspect précieux conduit de l'allée à un autel central, très sophistiqué, sur lequel la personne pourra déposer son voeu. Ensuite, elle peut suivre sa méthode favorite de renforcement.

Peut-on renforcer le voeu lui-même?

Certainement. On peut écrire le souhait comme s'il était déjà exaucé, par exemple: «J'ai un nouveau travail et j'en suis entièrement satisfait». Si vous avez des talents de dessinateur, vous pouvez vous dessiner dans les circonstances que vous désirez et ajouter ce dessin au souhait écrit; vous pouvez aussi vous procurer une photographie ou une peinture qui est relié à votre souhait, et l'inclure. Il est fréquent qu'une photo de la personne qui fait le souhait aide à le voir exaucer, pour des raisons qui sont traitées plus loin.

Et tout cela marche vraiment?

Dans certaines limites, oui. De très nombreuses personnes ont utilisé cette technique et ont obtenu d'excellents résultats. On pourrait remplir un livre avec des histoires de cas, mais je me contenterai de vous donner quelques exemples que j'ai notés dans mon carnet de recherche.

Expérience no 1: Un de mes amis et moi-même décidons de placer un souhait dans la pyramide pour avoir une augmentation de salaire et ce, six mois avant la date habituelle. Nous ne disons à personne ce que nous sommes en train de faire ni ce que nous souhaitons. Le souhait est laissé à l'intérieur de la pyramide pendant une semaine, et renforcé chaque jour. À la fin de la semaine, il est enlevé et détruit. Deux jours plus tard, notre patron nous annonce une augmentation à tous les deux, qui dépasse le montant que nous avions écrit sur le papier.

Expérience no 2: Ce même ami avait des ennuis avec sa mâchoire, et cela l'empêchait de jouer d'un instrument de musique. Un matin, vers 9 heures, nous plaçons des notes signées sous la pyramide orientée pour guérir sa mâchoire. Deux jours plus tard, vers 3 heures de l'après-midi, la partie interne de sa mâchoire qui était couverte d'un pansement et qui ne l'avait pas dérangé pendant qu'il jouait «s'ouvre» se met à couler et à élancer douloureusement. Ce fut le début d'un lent processus de guérison.

Naturellement, ces exemples ne prouvent rien, mais ils indiquent ce qui est susceptible d'arriver.

Maintenant, pouvez-vous expliquer comment cela se produit?

D'accord. L'explication est basée sur plusieurs suppositions et une façon plutôt différente de regarder la réalité, avec laquelle vous ne serez peut-être pas d'accord. Soyez donc libre de prendre ce qui suit comme une hypothèse de travail même si je la formule comme si c'était un fait.

Les suppositions en question sont que la télépathie existe, que l'énergie vitale dont nous avons parlé dans ce livre peut être dirigée par l'esprit, qu'il existe un lien supra-physique entre les objets qui ont été en contact et, enfin, que l'énergie vitale peut être transmise ou circuler aux moyens de ces liens. Incroyable, non?

Voici comment tout ceci se passe en pratique. Lorsque vous pensez à quelque chose, votre pensée pénètre dans le monde sous forme d'émission télépathique. D'autres personnes les reçoivent subconsciemment et n'y réagissent que si c'est compatible avec leurs croyances ou en harmonie (ou en profonde opposition) avec leurs pensées dominantes. Il se peut que même à ce moment il n'y ait aucune réaction, si le signal de la pensée est trop faible ou trop bref pour atteindre l'esprit conscient et ainsi influencer l'action. Les pensées prennent leur puissance de l'énergie vitale; des pensées dominantes et soutenues ont plus d'énergie — par conséquent plus d'influence — que des pensées faibles ou dispersées. Normalement, la seule énergie spirituelle dont disposent les gens est celle qui entoure ou qui abrite leur propre corps. Cette énergie peut être considérable si elle est concentrée, surtout si le corps est en bonne santé, mais il existe des façons d'emmagasiner un surplus d'énergie de l'extérieur. Le yoga, la Huna, le zen, le sofisme et d'autres systèmes offrent des techniques spécialisées où l'on retrouve la respiration, l'exercice, et des évocations. Une autre source d'énergie à la disposition de tous est la pyramide.

L'idée qu'il existe un lien entre les objets constitue la base de nombreuses pratiques métapsychiques, et ce qu'on appelle «la guérison absente»: une personne envoie de l'énergie guérissante à une autre qui est loin d'elle. La première a presque toujours une photographie, une signature, ou tout autre objet appartenant au «récepteur», ce qui est une façon de se «mettre au diapason». Je veux dire qu'il existe un lien réel entre ces objets et leur propriétaire. On peut se l'imaginer comme une vibration de la mémoire enregistrée sur l'objet qui a été en contact avec la personne. Dans ce cas, la stimulation du champ d'énergie de l'objet par addition d'une énergie supplémentaire a pour résultat une réaction sympathique qui a pour origine l'induction du champ énergétique du propriétaire de l'objet. Ou, pour simplifier, disons qu'on peut se l'imaginer comme étant un fil invisible le long duquel l'énergie peut circuler de l'objet à la personne.

Maintenant, voyons comment pourraient se manifester ces concepts dans les expériences mentionnées précédemment. Dans l'expérience no 1, les sujets ont écrit leur voeu sur un papier et l'ont ensuite placé sous la pyramide. Un lien s'est établi entre eux et le papier, renforcé par le fait qu'ils ont écrit dessus et qu'ils ont inscrit leur signature. L'énergie de la pyramide a chargé le papier et, par induction sympathique, cette énergie a été retransmise aux sujets. Ils consacrèrent un moment quotidien à concentrer leur pensée sur l'augmentation de salaire. Cette pensée arriva au patron par le moyen de la télépathie, chargée, non seulement par la concentration, mais aussi par l'énergie supplémentaire que les sujets reçurent de la pyramide grâce à leur billet. Le patron doit s'être senti réceptif à l'idée puisque son subconscient n'opposa apparemment aucune résistance. S'il n'y avait eu que la seule concentration, il est bien possible que l'augmentation se serait fait attendre un mois ou deux et, sans la concentration, cela se serait passé normalement au bout de six mois. L'énergie supplémentaire de la pyramide aida la pensée à pénétrer plus fortement dans la conscience du patron. Je tiens cependant à insister sur le fait que l'augmentation n'aurait pas été octroyée si la pensée avait été fortement opposée aux opinions premières du patron. Il n'a jamais été forcé à consentir à la demande des sujets. Le processus implique la persuasion, mais pas la commande. C'est un peu comme si les sujets étaient allés demander une augmentation en personne mais, ici, il n'y avait pas de confrontation physique.

Dans cet exemple, les seuls concernés étaient les sujets et le patron de sorte que le processus a pu avoir lieu facilement et rapidement. S'il vous arrive de faire un souhait pour une nouvelle maison, il s'ensuit qu'un grand nombre de personne se trouvent engagées. Il y a le vendeur, l'agent, la famille et les amis du vendeur, les vôtres, le personnel de la banque, etc. La pensée que vous envoyez doit toucher toutes ces personnes; il devient donc important de «chronométrer» et il vous faudra de la patience et de l'obstination.

Dans l'expérience no 2, le processus était beaucoup plus simple. À la base, la seule chose introduite était l'addition d'une énergie supplémentaire programmée dans un but spécifique pour le sujet qui avait mal à la mâchoire. Son propre subconscient prit soin du reste.

Mais tout cela n'est-il pas pure coïncidence?

On peut supposer la coïncidence dans toutes les explications. Même chose pour la prédestination. Coïncidence signifie simplement que les choses arrivent par hasard. Si vous êtes d'avis que tout arrive par hasard, alors il n'existe vraiment aucun ordre dans le monde; le fait que vous soyez né homme ou femme est un pur accident, car vous auriez aussi bien pu être un éléphant. Une autre conception est celle de la prédestination. Si l'on y croit, on accepte qu'il y a un plan pour chacun de nous et que tout a été fixé d'avance. Dans ce cas-là, il n'y a aucune raison logique pour essayer de changer les circonstances de notre vie. C'est là un véritable cul-de-sac qui tue toute initiative et c'est une philosophie qui tue la joie. Certaines personnes essaient de combiner les notions de coïncidence, de prédestination et de causalité dans une conception globale du monde, mais l'ennuyeux, avec ces notions, c'est qu'il n'existe aucune façon de savoir ce qui se passe, pourquoi et comment. Le choix est arbitraire.

Non, vraiment, je suis d'avis que nous créons tous notre propre expérience à travers nos croyances, nos pensées, notre discours et nos actions. En d'autres termes, nous contrôlons notre destinée. La joie de cette philosophie réside dans le fait que nous pouvons vivre des expériences négatives, mais nous savons que nous pouvons, à partir d'elles, continuer et en créer de positives. Vous avez évidemment le choix de votre propre philosophie de la vie mais, en ce qui me concerne, je garde celle que je viens de vous dire, parce qu'elle me paraît efficace.

Ce que vous avez dit sur les liens entre les objets relève-t-il seulement du domaine théorique?

Pas exactement, car il y a eu quelques démonstrations objectives de cela. J'ai parlé avec un homme qui travaillait sur des expériences photo de l'effet Kirlian, au laboratoire du docteur Thelma Moss de l'*UCLA*, et qui m'a décrit quelques expériences où un guérisseur et un sujet se trouvaient dans deux pièces séparées. Les doigts du sujet étaient électrophotographiés et les résultats conservés comme contrôle. Ensuite, le guérisseur envoya de l'énergie au sujet, sans que ce dernier le sache, et il fut à nouveau photographié. À chacun des douze essais, l'aura qui entourait les doigts du sujet augmenta de volume et changea de couleur au moment où le guérisseur envoyait l'énergie. Le jeune homme avec qui j'ai parlé me fit remarquer que douze essais d'une unique expérience n'étaient pas suffisants pour qu'il puisse se permettre de tirer des conclusions définitives mais les résultats semblent indiquer qu'il y avait vraiment eu transfert d'énergie.

Au cours des nombreuses expériences que j'ai faites dans mon propre labo, nous avons fait écrire leur nom à des sujets, et j'ai remporté les papiers loin de leur vue, dans une autre pièce. Ensuite, tout en insérant et retirant leurs signatures de la pyramide, ils devaient rapporter leurs sensations à un tiers. L'insertion de leur signature correspondait invariablement à des impressions visuelles ou sensorielles qui diminuent beaucoup, ou disparaissaient, une fois les signatures enlevées. Des mesures radioniques furent prises et indiquèrent une augmentation du champ bioénergétique au moment où les signatures se trouvaient dans la pyramide.

DÉPANNAGE

Ce qui compte le plus lorsque vous placez un souhait dans une pyramide est de vous assurer que votre demande est assez raisonnable pour être acceptée par votre subconscient. Si votre subconscient ne croit pas que ce soit possible, l'énergie est perdue. Tandis que vous envoyez consciemment un souhait pour recevoir un million de dollars, votre subconscient annule l'effet en envoyant la pensée que vous ne croyez pas vraiment à la réalisation de votre voeu (ou encore que vous ne le méritez pas, etc.). Comme nous l'avons vu pour les expériences purement physiques, la pyramide fonctionne mieux lorsqu'on l'emploie pour stimuler des processus naturels.

Ne mettez pas trop de souhaits dans une pyramide au même moment. Cela éparpille l'énergie et peut embrouiller le subconscient. Pourvu que les souhaits ne se contredisent pas, le mieux à faire est d'avoir une pyramide pour chaque souhait, si vous devez en avoir plusieurs en même temps.

Tenez-vous en au but que vous avez en tête. En d'autres termes, ne vous limitez pas à définir les moyens par lesquels votre but devra être atteint. Soyez ouvert aux possibilités qui se présentent.

Gardez le plus possible une attitude positive en ce qui concerne la réussite de l'expérience. Plus vous aurez de doutes, plus vous créerez d'interférences et plus le processus en sera ralenti.

Pensez soigneusement à votre souhait et à ses conséquences avant de le placer sous la pyramide. Rappelez-vous l'histoire du roi Midas qui obtint ce qu'il désirait, à son grand regret. Êtes-vous prêt à accepter les responsabilités qui pourront surgir si votre souhait est exhaucé? Faites également très attention à la façon dont vous le formulerez. Le subconscient prend les données au pied de la lettre.

Ne soyez pas tenté de vous servir de la pyramide pour faire du mal à quelqu'un ou pour l'exploiter. Rappelez-vous que l'énergie programmée doit passer par vous pour opérer et que vous serez votre propre victime.

J'espère que cet outil vous aidera à créer une existence productive et accomplie.

10 Comment construire votre pyramide

Vous verrez dans ce chapitre comme il est simple de construire une pyramide, même sans avoir des talents de bricoleur. Nous étudierons différentes méthodes simples et complexes, et je vous donnerai des formules précises et faciles. La majeure partie de ce chapitre est consacrée au modèle basé sur la pyramide Cheops, mais nous étudierons aussi des modèles de dimensions différentes.

Voyons tout de suite ce que nous pourrions appeler «le modèle de recherche classique». Il s'agit d'une pyramide de 15,2 cm de hauteur. Cette pyramide sert à toutes sortes d'expériences, elle ne prend pas trop de place sur une table, se porte aisément sur la tête si vous voulez méditer et il est facile de trouver son point focal à environ 5,08 cm de la base vers le haut. Plus loin je donnerai aux amateurs de précision une formule exacte pour calculer le point en question.

Avant de poursuivre, je tiens à mettre tout le monde à l'aise. Les dimensions de la pyramide ne sont *absolument pas critiques*. Point n'est besoin d'avoir des mesures précises au millimètre près pour que l'énergie se dégage. En fait, la précision n'apportera rien au phénomène, dans des limites raisonnables. Votre structure doit seulement ressembler à une pyramide. Si quelqu'un vous dit que les dimensions de la pyramide doivent être précises, c'est de la théorie, sûrement pas de la pratique. La précision trouvera sa place dans des applications scientifiques avancées, mais les directives que je vous donne ici vous permettront néanmoins de construire des modèles plus précis que la Grande Pyramide de Gizeh dont les côtés sont de longueur inégale.

Mais revenons à la construction. Pour réaliser le modèle suivant, vous avez besoin de carton fort, d'un crayon, d'une règle (de préférence à bord métallique), d'une lame aiguisée et de papier collant. Une lame aiguisée fera l'affaire, mais vous pouvez aussi vous procurer un petit instrument à lames adaptables. De gros ciseaux conviennent aussi.

Vous allez découper 4 triangles et les relier les uns aux autres avec du papier collant pour former une pyramide.

Il y a deux façons de procéder, la longue et la courte. Commençons par la méthode longue. Prenez votre règle et votre crayon, et tracez une ligne de 23,8 cm. Marquez-en le centre qui se trouve à 11,9 cm. Dessinez maintenant, à partir de ce point, une ligne vers le haut à angle droit avec la première (vous pouvez prendre un rapporteur ou la couverture d'un livre, en alignant le bas sur la première ligne, et en prenant le côté de la couverture pour tracer la deuxième). Donnez à cette ligne une longueur d'au moins 21,4 cm. Tracez ensuite une ligne d'une extrémité de la première ligne à un angle qui la fera rencontrer la deuxième ligne à 20 cm. Répétez le procédé à partir de l'autre extrémité de la ligne. (Voir fig. 8). Faites quatre triangles et découpez-les. Posez-les à plat sur une table en juxtaposant les côtés les plus courts. Il restera un espace entre le premier et le quatrième triangle. (Voir fig. 9). Collez les trois points avec du papier collant de façon à maintenir les

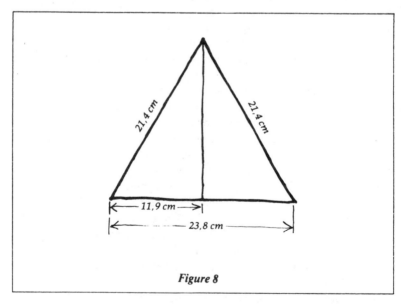

Figure 8

arêtes ensemble. Montez la structure avec le papier collant, et vous obtiendrez une pyramide «Cheops» de 15,2 cm de hauteur. Facile, non?

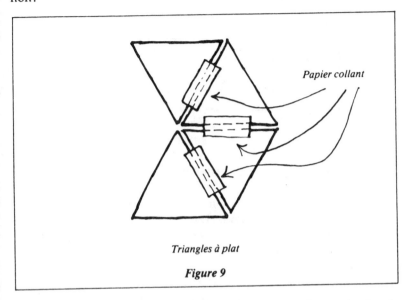

Papier collant

Triangles à plat

Figure 9

La seconde méthode est encore plus simple, mais il vous faudra du carton fort d'une largeur d'au moins 61 cm. Commencez par tailler une bande de 19,1 cm sur 61 cm. Le long d'un côté, faites un trait tous les 23,8 cm. Vous obtiendrez deux traits. Ce côté est le bas. Sur le haut du carton, en commençant du même côté que précédemment, faites un trait à 11,9 cm de l'extrémité. À l'aide de votre règle et de votre lame de rasoir, taillez le carton à partir du coin inférieur gauche jusqu'au premier trait de 11,9 cm sur le bord supérieur, puis à partir de ce point jusqu'au premier trait de 23,8 cm. Ceci vous donnera un premier triangle dont les arêtes sont automatiquement de la bonne longueur. Pour faire le deuxième triangle, vous n'avez qu'à mesurer 23,8 cm à partir du coin gauche supérieur, et à tailler à partir de ce nouveau point jusqu'au coin inférieur gauche. Pour le troisième triangle, taillez à partir du nouveau coin supérieur gauche jusqu'au deuxième trait de 23,8 cm du bas et, pour le dernier triangle, utilisez la même méthode que pour le second. Vous avez maintenant quatre triangles correctement proportionnés pour réaliser votre pyramide Cheops de 15,2 cm de hauteur. (Voir fig. 10).

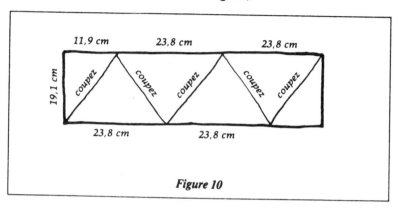

Figure 10

Cette méthode est idéale pour découper des triangles dans des feuilles de styrène ou d'acrylique. Dans un panneau de 5,08 x 10,16 cm vous pouvez découper 6 pyramides et il vous reste une bande de 7,62 cm pour faire des plates-formes. Il existe des outils à découper bon marché que vous pourrez vous procurer chez votre commerçant habituel. Pour maintenir vos triangles ensemble, utilisez de la colle à avion de modèles réduits. Les feuilles de 3,16 mm sont de la bonne épaisseur pour vos pyramides.

La méthode du pourcentage

Il est possible que la dimension de votre base vous intéresse davantage que celle de la hauteur de votre construction. Disons que vous disposez d'une surface que vous aimeriez voir occupée par une pyramide d'une base de 50,8 cm. Comment calculer la longueur des côtés de chaque triangle? Il se trouve que, d'après les proportions de Cheops, la longueur des côtés équivaut à celle de la base, moins 5 pour cent. Or, 50,8 cm moins 5 pour cent égale exactement 48,26 cm. Vous devez donc couper des triangles dont la base mesure 50,8 cm et les côtés 48,26 cm, en vous servant de la première méthode mentionnée.

La méthode 3-4-5

Nous verrons ici quelques principes de géométrie qui ne soulèvent pas de difficultés. La méthode est basée sur un triangle dont la base mesure 7,62 cm, la perpendiculaire à la base a 10,16 cm et l'hypothénuse 12,7 cm. Appliquée à une pyramide Cheops, la hauteur est de

10,16 cm, la demi-base de 76,2 cm, et la distance entre le milieu d'une base au sommet serait de 12,7 cm. (Voir fig. 11). Pour construire les triangles qui forment cette pyramide, tracez une ligne de 15,24 cm puis, du milieu de cette ligne, élevez une bissectrice mesurant 12,7 cm. Tracez les côtés du triangle en faisant des traits qui relient les deux extrémités de la première ligne au sommet de la bissectrice. Comme vous voyez, cela ressemble beaucoup à la première méthode. Seules les dimensions sont différentes. Pour de plus grandes pyramides, il suffit de multiplier les dimensions. Par exemple, une base de 30,48 cm donne une pyramide de 20,32 cm de haut, et la hauteur d'une pyramide dont la base mesure 60,96 cm sera de 40,64 cm.

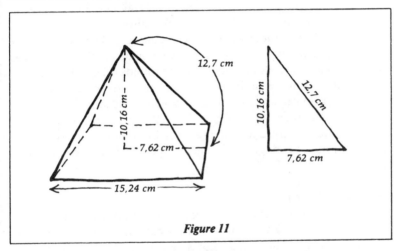

Figure 11

La méthode 7/11

Cette méthode n'a d'autre avantage que les connotations mystiques des nombres utilisés. Le rapport est 17,78 cm de hauteur sur 27,94 cm de longueur de base. Pour mesurer, tracez une ligne de 27,94 cm et une bissectrice de 20 cm de long. Formez les côtés de votre triangle en reliant chaque extrémité de la première ligne au sommet de la perpendiculaire et procédez comme dans la première méthode. Certaines personnes affirment qu'il existe plusieurs points focaux à l'intérieur de la pyramide qui correspondent à des centres psychiques occultes appelés *chakras*. Ces centres sont censés se trouver à des intervalles de 2,54 cm en partant du centre de la base et en allant jusqu'au sommet. Il serait plus facile de faire des expériences là-dessus si les dimensions étaient en mètres au lieu d'être en centimètres. Au cas où cela vous intéresse, sachez qu'avec une base de 3,35 m, la perpendiculaire est de 2,67 mètres.

La méthode Phi

Il s'agit de ma découverte qui vous donnera les résultats d'une grande exactitude sans devoir faire des calculs compliqués. Si vous êtes perfectionniste, voilà ce qu'il vous faut. Notez toutefois qu'il vous faut utiliser des mesures métriques pour obtenir une précision réelle. Choisissez une base de la dimension de votre choix et divisez-la en deux. Puis multipliez le résultat par 1.618 et le chiffre obtenu vous donne la hauteur de chaque panneau triangulaire. Disons que vous voulez une pyramide dont la base mesure 91,44 cm. Vous tracez la ligne et faites une marque à 45,72 cm. Puis faites vos calculs (45,72 x 1,618 = 73,97496), tracez votre perpendiculaire de 73,97496 et reliez le sommet de cette ligne aux extrémités de la ligne de 91,44 cm. Faites quatre panneaux de cette façon, et votre pyramide est construite.

Toutes les méthodes indiquées ici vous permettront de construire des panneaux en carton, en contre-plaqué, en plastique, en feuille de métal, ou tout autre matériau rigide. La méthode qui suit est destinée à la construction de pyramide d'une seule pièce faite en carton fort, mais vous pouvez l'adapter à des métaux peu épais comme du cuivre d'usinage.

La pyramide d'une pièce

Ajoutez à la liste d'outils mentionnés un compas ou un clou, un bout de ficelle et un crayon. Commencez par tracer un cercle dont le rayon égale la longueur d'un des coins de votre pyramide. Vous devez donc choisir un morceau de carton fort assez grand pour contenir le cercle dessiné.

Pour simplifier, disons que vous voulez faire un modèle «classique» avec une base de 23,8 cm et que vous allez vous servir du clou et de la ficelle parce que votre compas n'est pas assez grand. Attachez votre ficelle autour du clou à une extrémité et enroulez-la autour du crayon à l'autre extrémité, en mesurant avec votre règle pour que les distances entre l'emplacement du clou et la pointe du crayon soient de 20 cm quand le clou et le crayon sont pointés bien droit. Placez le clou au centre du carton, qui mesure au moins 50,8 cm^2, tendez bien la ficelle (vous l'aurez choisie peu élastique), gardez votre crayon vertical, et tracez votre cercle. À présent, muni de votre règle et de votre crayon, tracez une ligne à partir du trou fait par le clou, jusqu'au bord du cercle. De là, tracez une ligne droite dans le sens des aiguilles d'une montre, jusqu'à ce qu'elle rencontre le bord du cercle à exactement 23,8 cm. Faites la même chose en partant du deuxième point vers le troisième, puis du troisième vers le quatrième, et enfin du quatrième vers le cinquième. De ce point tracez une ligne revenant au trou. Joignez ensuite le trou aux points deux, trois et quatre avec des lignes. La dernière étape du dessin consiste à faire le contour d'un rabat qui servira à tout coller ensemble. Mesurez 19,05 mm de l'emplacement du clou le long de la ligne jusqu'au premier point, et de là tracez une ligne parallèle à celle qui relie le trou du clou au point cinq. (Voir fig. 12).

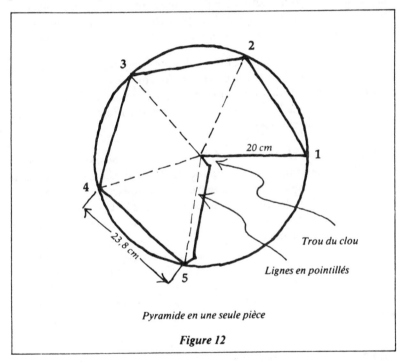

Pyramide en une seule pièce

Figure 12

Il est enfin temps de faire le découpage. Avec une bonne lame, taillez à travers le carton en suivant la première ligne qui va du clou au point un et en suivant toutes les lignes entre les points. Quand vous arrivez au cinquième point, reportez-vous à la ligne du rabat et coupez jusqu'à la première ligne dessinée. Ce sera plus facile si vous enlevez une petite section de chaque extrémité du rabat. Patience, vous avez presque fini.

Il vous reste à couper en pointillés (enfoncez votre lame sur la moitié seulement de l'épaisseur) le long des lignes qui partent du trou du clou et qui vont aux points deux, trois, quatre et cinq. Ce travail est délicat. Vous devez couper juste assez pour que le carton se plie facilement; si votre lame reste trop en surface, le carton se déchirera tout seul; si vous l'enfoncez trop profondément, vous aurez très vite quatre triangles.

La dernière étape consiste à le plier le long des lignes pointillées pour former une pyramide parfaite. Versez un peu de colle blanche sur le rabat, insérez-le sous l'autre côté libre, tenez-le serré avec des pinces à linge (vous verrez que la pyramide se plie très bien), attendez une demi-heure, et voilà, c'est un chef-d'oeuvre!

En fait, je vous conseille de garder votre premier découpage sans faire les traits de pliage. De cette façon, vous pourrez le réutiliser comme patron pour de futures pyramides sans avoir à refaire le cercle et à mesurer toutes les lignes. Vous n'aurez qu'à faire le contour du patron, couper et entailler.

Le procédé est légèrement différent si vous choisissez non pas du carton fort, mais un matériau comme du cuivre d'usinage. D'une part, vous vous contenterez de pratiquer des petites marques dans le métal pour le faire plier. Je trouve qu'un stylo à bille fait parfaitement l'affaire. D'autre part, avec du carton, les côtés du modèle doivent se plier vers le bas pour former la pyramide, alors qu'avec du métal, ils devront se plier vers le haut. Le collage est plus délicat aussi, parce qu'une pyramide en métal ne se plie pas aussi bien qu'une pyramide en carton. Étalez de la colle sur le rabat (la colle blanche convient très bien), glissez-le sous le bord libre, et disposez ce côté à plat en mettant quelque chose de long et de lourd à l'intérieur pour aplanir le rabat.

Tableau de mesure de hauteur.

Il peut arriver que seule compte la hauteur de votre pyramide, et que vous ayez seulement à connaître les mesures de la base et des coins en rapport avec la hauteur que vous désirez. Le tableau qui suit, en mètres et en centimètres, est adapté d'un tableau présenté par le capitaine N.W. Gambling de Californie dans le bulletin *The Pyramide Guide:*

Hauteur	Longueur de base	Longueur des côtés
0,30 m	47,46 cm	45,08 cm
0,61 m	95,28 cm	91,16 cm
0,91 m	1,437 m	1,367 m
1,22 m	1,915 m	1,818 m
1,52 m	2,39 m	2,274 m
1,83 m	2,87 m	2,735 m
2,13 m	3,35 m	3,19 m
2,44 m	3,83 m	3,64 m

Pyramides structures

Toutes les méthodes ci-dessus, qui permettent de calculer les dimensions, servent aussi à calculer la longueur des poteaux, des câbles et des tubes, etc. dont vous aurez besoin pour votre pyramide structure. Le plus important ici est la façon de les relier ensemble. Vous pouvez toujours vous acheter un nécessaire à cet effet, mais il existe d'autres façons qui sont beaucoup moins onéreuses.

C'est l'emploi de l'argile qui revient le moins cher. Cette méthode convient aux petits modèles ne dépassant pas 0,30 m. Pour fabriquer le cadre, le matériau le moins cher est probablement des goujons d'assemblage en bois que vous pourrez vous procurer dans les magasins de jouets, les scieries ou les centres de bricolage. Relevez le diamètre de votre choix et coupez huit morceaux d'après les dimensions que vous voulez — quatre pour la base et quatre pour les coins. Au moment de l'assemblage, rappelez-vous que les morceaux les plus petits sont destinés aux coins. Vous trouverez dans des magasins de bricolage des tubes de laiton ou de cuivre de petits diamètres, si ce sont vos matériaux préférés, à moins que vous ne vouliez des câbles en plastique acrylique ou des tubes provenant d'une maison spécialisée en plastique. De toutes façons pour faire votre modèle vous devez monter les morceaux de la base et les relier aux coins avec une petite boule d'argile. Les poteaux de coin sont insérés dans les mêmes boules d'argile, et tenus ensemble au sommet avec une autre boule d'argile. C'est vraiment simple et avantageux. Et ça marche.

La pyramide structure standard destinée à la méditation mesure environ 1,22 m de haut et 1,83 m de base. La façon la plus simple de réaliser cette structure pratique et confortable est de couper 4 poteaux de 1,83 m de long chacun pour faire la base, et 4 poteaux de 1,73 m chacun pour les coins. Pour ma part, je trouve que des poteaux mesurant 19,05 mm de diamètre sont ceux qui conviennent le mieux, qu'ils soient en bois, en cuivre, en aluminium ou en plastique. Évitez les tiges en plastique dur car elles ont tendance à trop se courber.

Voici une méthode très bon marché pour relier les poteaux les uns aux autres et qui comporte plus d'avantages que les joints que l'on trouve dans le commerce. Prenez du vinyle souple pour les tubes, dans une maison spécialisée en accessoires de plastique ou dans une bonne quincaillerie. Étant donné que les chevilles de bois de 19,05 mm de diamètre ne mesurent jamais exactement cette dimension, vous pourrez les remplacer par des tubes de vinyle dont le diamètre intérieur est de 19,05 mm. Vous pourrez également les utiliser pour le tubage acrylique, mais comme ils ont tendance à adhérer à l'intérieur du vinyle, vous frotterez cette partie avec de l'huile végétale. Quant aux tuyaux en métal, le meilleur tubage serait du vinyle avec un diamètre intérieur de 2,54 mm.

Pour chaque pyramide vous aurez besoin de 1,22 m de tubage en vinyle. À l'aide de gros ciseaux ou de cisailles de ferblantier, découpez 6 morceaux de 15,24 cm chacun, et 4 morceaux de 7,62 cm de long chacun. Avant de continuer, procurez-vous cinq boulons de 2,54 cm de long munis d'écrous. C'est à vous de juger du diamètre des boulons. Assurez-vous en tous cas que les têtes et les vis sont assez larges pour ne pas transpercer le vinyle. Prenez également un objet pointu comme un pique-glace ou un perçoir. Vous pouvez à présent percer un trou au milieu de chaque morceau de vinyle de 15,24 cm et à 2,54 cm en partant de l'extrémité de chaque morceau de 7,62 cm. Prenez deux des morceaux de 15,24 cm et joignez-les en plaçant un boulon dans les trous pratiqués et en vissant avec l'écrou (ils doivent former une croix ensemble). Voilà pour le sommet de votre pyramide. Reliez chaque morceau de 7,62 cm de la même façon et vos coins inférieurs sont terminés. Question d'esthétique, je vous conseille de placer la tête du boulon du côté opposé au morceau de 7,62 cm, près de celui de 15,24 cm.

Pour assembler, placez les poteaux de la base par terre. Les deux extrémités de chaque morceau de vinyle de 15,24 cm doivent recevoir les poteaux de la base. Le morceau de 7,62 cm devrait être à l'intérieur, pointé vers le haut pour recevoir les poteaux des coins. Une fois ceux-ci enfoncés, reliez-les au sommet à l'aide des deux premiers morceaux de vinyle de 15,24 cm que vous avez assemblés. Voilà, c'est fini. Si l'on excepte le temps passé à faire vos achats, l'opération a duré environ une demi-heure. Ne vous inquiétez pas si le sommet ou les coins sont arrondis, cela ne change rien à l'efficacité de votre pyramide.

Un des avantages de cette construction est qu'elle se plie très bien et que vous pouvez l'apporter avec vous en voyage, sans avoir à la démonter complètement. Une fois assemblée, enlevez simplement l'extrémité d'*un* poteau de la base de sa gaine de vinyle et *trois* poteaux de coin de leur gaine uniquement à la jonction du sommet de la pyramide. Vous verrez que tous les poteaux se plient les uns sur les autres et forment un paquet compact facile à transporter. Quand vous voulez la monter à nouveau, étalez les poteaux de la base, insérez le poteau de la base dans son manchon et faites de même avec les trois poteaux du sommet. À vous de jouer.

Si vous avez du mal à transporter des poteaux de 1,83 m sur votre bicyclette lorsque vous décidez d'aller en pique-nique, voici un autre truc à réaliser avec du vinyle. Coupez tous vos poteaux en deux et identifiez-les par paires, puis taillez 8 autres bouts de vinyle de 7,62 cm. Ils serviront de manchon aux poteaux précédemment coupés en deux et vous permettront de réassembler votre pyramide. Lors du démontage, vous n'aurez qu'à enlever les 8 joints (une extrémité du joint pouvant rester sur un poteau). Les moitiés du sommet et de la base se plieront pour former un paquet ne dépassant pas 0,91 m de long que vous glisserez aisément dans un sac à dos, ou un sac de votre propre fabrication.

Les poteaux qui dépassent 2,44 m ont tendance à plier de façon excessive. C'est là que vous devrez utiliser un matériau plus solide, comme du «deux-par-quatre». Je n'ai pas l'intention d'aborder ce domaine qui ressort de la menuiserie et même de l'ingéniérie. Le but de ce livre est de fournir des données et des directives aux amateurs et aux débutants. Ceux qui désirent se lancer dans des constructions à grande échelle pourront utiliser les dimensions et les méthodes données plus haut, mais devront trouver seuls les détails spécifiques de la construction. Disons simplement que si vous voulez construire une grande pyramide fermée, assurez-vous que la ventilation est suffisante. Ne faites pas descendre vos panneaux jusqu'au sol, et n'installez pas des volets en haut de votre pyramide. L'atmosphère d'une pyramide complètement fermée même si elle est de petite taille peut devenir très étouffante.

Pyramides ouvertes à une extrémité

La seule différence entre les pyramides traditionnelles et celles-ci est qu'un côté a été enlevé, ou éliminé, laissant trois panneaux pleins et une ouverture triangulaire. Le but est de rendre l'accès facile. Mais, direz-vous, une pyramide structure convient tout aussi bien. C'est vrai; il faut donc avoir de bonnes raisons pour vouloir une pyramide ouverte. Vous pouvez modifier votre pyramide en construisant le panneau opposé à l'ouverture en miroir ou en plastique (les deux autres faces peuvent être normales ou elles aussi en miroir, à vous de choisir). Il paraît que cela a l'avantage de refléter l'énergie au centre de la pyramide. Le peu d'expériences que j'ai faites avec cette pyramide semble indiquer une augmentation de l'intensité de l'énergie. Ce type de pyramide vous permet aussi de déposer une photo, un dessin ou du tissu coloré sur la base, et ils seront reflétés dans le miroir. Si votre pyramide a une base de 15,24 cm et que vous la placez sur une étagère plus ou moins située au niveau de l'oeil, vous pourrez faire un objet très joli. En vous servant de différents bouts de tissu de couleur que vous disposerez dans le fond vous pourrez changer l'aspect de votre pyramide quand vous le voudrez.

Certaines personnes s'intéressent à la guérison par couleurs, aux effets de la couleur sur les plantes, etc. Si les trois panneaux pleins de votre pyramide sont en plastique transparent coloré ou en verre, vous pourrez réaliser de nombreuses expériences en combinant couleur et énergie.

Une troisième raison d'utiliser une pyramide ouverte est que vous pouvez voir les progrès des tests réalisés dans des pyramides à panneaux dont je parle ci-dessous.

Pyramides à panneaux recouverts

On s'intéresse de plus en plus aux travaux que Wilhelm Reich fit sur l'énergie. Brillant chercheur, Wilhelm Reich est mort à la fin des années 50 et a eu le tort d'être un peu trop en avance sur son temps. Il a découvert qu'en combinant des matériaux métalliques et organiques (ou électriques et diélectriques) on assistait à une accumulation d'une charge puissante d'énergie qu'il a appelée «orgone». Au cours de mes premières recherches, j'ai démontré que l'orgone et l'énergie des pyramides sont une seule et même chose. Ceci a conduit à la construction de pyramides à panneaux recouverts et à la création de champs d'énergie très intenses. La façon la plus simple de réaliser une pyramide de ce type est d'utiliser du carton doublé de feuille d'aluminium. On peut aussi tailler un ensemble double de triangles en plastique et insérer des triangles en cuivre à l'intérieur de chaque panneau double. Taillez le cuivre un peu plus court que le plastique, collez les panneaux de plastique ensemble avec de la colle à avions. Une autre découverte de Reich est que plus on a de couches plus l'intensité du champ d'énergie s'accroît, mais je conseille aux débutants de commencer par lire les oeuvres de Reich (citées dans la bibliographie) avant d'ajouter des couches supplémentaires à leurs constructions.

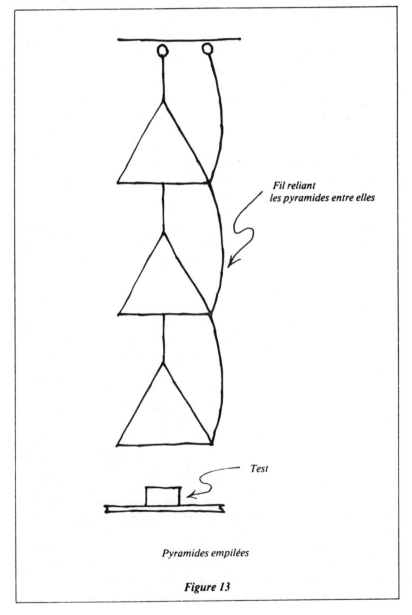

*Fil reliant
les pyramides entre elles*

Test

Pyramides empilées

Figure 13

Pyramides empilées

Des chercheurs ont trouvé qu'en empilant plusieurs pyramides les unes au-dessus des autres, et en laissant un espace entre elles, il y avait une production plus importante d'énergie. Il s'agit ici simplement d'une variation des découvertes de Reich. La méthode la plus simple d'empiler des pyramides est de prendre une aiguille et du fil et de se servir de pyramides en carton. Par exemple, on peut prendre 5 pyramides dont la base mesure 15,24 cm et 1,83 m de fil. Commencez par fixer un bouton à une extrémité du fil, et passez le fil à travers le sommet d'une pyramide. Fixez un autre bouton à 0,30 m de la première, et faites-le passer par le sommet de la pyramide suivante jusqu'à ce qu'elle repose sur le deuxième bouton. Gardez votre fil tendu vers le haut jusqu'à ce que les 5 pyramides reposent sur les boutons fixés au fil. Il devrait vous rester environ 0,30 m de fil qui vous servira à fixer vos pyramides à un support quelconque. Pour qu'elles restent bien alignées les unes au-dessus des autres, collez un fil à chaque coin de chaque structure avec du ruban adhésif, et continuez cet enfilage jusqu'en haut où vous nouerez ou collerez votre fil au support. (Voir fig. 13). Vous placerez votre test à l'intérieur de la pyramide du bas, ou en-dessous.

Pyramides tronquées

La Grande Pyramide d'Égypte n'a pas de «calotte». Son sommet est plat, comme la plupart des pyramides d'Amérique du Sud. On a calculé qu'un pour cent environ du sommet de la Grande Pyramide est manquant... à moins qu'il n'y en ait jamais eu. Il existe bien des légendes là-dessus. Certains disent que le sommet était en cristal, d'autres en or, mais personne ne connaît la réponse. Certains, pensant que la Pyramide est complète comme elle est, ont fait des expériences avec des pyramides dont le sommet a été enlevé. C'est ainsi que sont nées les pyramides dites tronquées. Une pyramide de ce type a des effets surprenants. Le plus remarquable est la sensation d'une «descente» d'énergie, lorsque le sujet se trouve en-dessous. Les sensations physiologiques (réactions du corps) sont plus fortes que lorsqu'il s'agit d'une pyramide avec un sommet normal. Je n'ai aucune théorie à proposer, mais l'effet est vraiment là.

Vous pourrez vous en rendre compte personnellement en faisant vos triangles comme d'habitude, puis en faisant une marque à 2,54 cm du sommet; coupez en suivant une ligne parallèle à la base. En assemblant la pyramide, vous verrez un trou carré au sommet. Portez-la sur votre tête pour méditer, ou demandez à quelqu'un de la tenir au-dessus de votre tête, et comparez-la avec une pyramide normale faite du même matériau.

Une pyramide structure peut elle aussi être tronquée. Voici une méthode que j'ai utilisée avec une pyramide dont la base était de 1,83 m. Au lieu de prendre 2 morceaux de vinyle de 15,24 cm croisés, comme nous l'avons vu précédemment, taillez un morceau de 45,72 cm, donnez-lui la forme d'un cercle, et boulonnez les extrémités ensemble en laissant un rabat de 2,54 cm. Coupez ensuite 4 morceaux de 7,62 cm et boulonnez-les au cercle en les opposant les uns aux autres, et en laissant un rabat de 2,54 cm. Ce seront les manchons dans lesquels vous glisserez vos 4 poteaux de coin, laissant un trou au sommet de votre pyramide. Pour tester l'originalité de cette pyramide, vous pourrez recouvrir le trou à l'aide d'une petite pyramide. Il y a vraiment une différence.

Pyramides équilatérales

Comme je l'ai déjà mentionné, les dimensions de la pyramide ne sont pas critiques en ce qui concerne les effets d'énergie. Vous aurez les mêmes effets avec une pyramide dont les côtés sont égaux, et sa construction est beaucoup plus facile à réaliser. Une pyramide équilatérale n'est peut-être pas aussi esthétique, mais elle donne des résultats. Inutile de se préoccuper des formules sur les relations base-côtés, la seule chose à faire est de couper la base et les côtés égaux. Cela vaut aussi bien pour les panneaux solides, ou pour les pyramides structures. C'est tout.

Les tétraèdres

On décrit souvent un tétraèdre comme une pyramide à trois côtés. Le mot signifie quatre côtés, mais cela inclut la base. Ce qu'il faut savoir, c'est qu'ils fonctionnent aussi bien que des pyramides normales (mieux, au dire de certains). La base et les côtés d'un tétraèdre sont égaux, ce qui en rend la construction très simple. Vous pouvez faire trois triangles égaux en carton fort, et les maintenir ensemble avec du ruban adhésif. Si vous faites un modèle sans panneau plein, coupez 6 poteaux de longueur égale, et assemblez-les avec les morceaux de coin en vinyle décrits précédemment. Vous n'avez pas besoin des pièces croisées du sommet. En fait, une structure équilatérale peut être facilement convertie en tétraèdre en enlevant un poteau de base et un de coin, et en reliant les extrémités libres de la base ensemble. Vous pouvez ensuite soit laisser la pièce du sommet comme elle est, soit la remplacer par le joint en coin qui vous reste.

Pyramides suspendues

Vous pouvez suivre la méthode décrite sous la rubrique «pyramides empilées» pour suspendre une pyramide en carton au-dessus de la surface de votre choix, du moment que vous avez un moyen de l'attacher au plafond. En général, une punaise, un clou ou du papier collant font l'affaire, mais il arrive qu'il soit impossible d'attacher quoi que ce soit au plafond à cause de sa fabrication même. Si votre plafond est fait en carreaux acoustiques suspendus, vous pouvez contourner la difficulté en attachant le fil ou la ficelle ou le fil électrique à une pince à papier, et en le courbant pour le suspendre aux supports métalliques. Si vous désirez suspendre une pyramide légère, attachez votre ficelle (ou autre) aux extrémités des poteaux opposés de la base. Quatre ficelles nouées à 2 poteaux de base suffiront. Faites-vous aider pour maintenir la pyramide stable et de niveau au moment où vous l'attacherez.

Si le plafond ne permet aucun système d'attache, ayez recours au mur. Une façon simple de procéder est de fixer un long support à plante et d'y suspendre votre pyramide. Mais peut-être voulez-vous que votre pyramide s'écarte du mur de 1,83 m? Voici comment j'ai procédé pour suspendre une pyramide au-dessus de mon lit. J'ai d'abord décidé de la hauteur à laquelle je voulais le sommet de ma pyramide et j'ai enfoncé un clou dans le mur à cette hauteur. (2 clous espacés de 12,7 mm sont préférables). Ensuite, je me suis procuré 1,83 m de bois (2,54 x 2,54 cm). J'en ai fait reposer une extrémité sur le clou et je l'ai maintenu avec du papier collant. Puis j'ai attaché deux ficelles à l'autre extrémité du bout de bois, et les ai fait retourner au mur où je les ai fixées à l'aide de clous. Ces ficelles étaient aussi près que possible du plafond, avec environ 1,83 m de distance entre elles et en-dessous l'extrémité du bâton touchant au mur. Pour finir, il me restait à suspendre la pyramide à l'extrémité du bâton.

Si votre pyramide mesure 1,83 m, voici une méthode simple et efficace. Je vous conseille d'utiliser une pyramide à structure en plastique, à cause de son poids léger. Déterminez la hauteur à laquelle vous voulez que la base se trouve, en tenant compte des possibilités de votre plafond. Mettez votre poteau de base en place, faites quelques marques juste en haut et en bas du poteau, à environ 0,30 m d'une extrémité, et faites la même chose pour l'autre extrémité. Insérez des crochets ou des pitons à écrou à l'endroit des marques, le genre d'attache dépendant de la nature du mur. Placez votre poteau de base entre les crochets, et fixez-le avec de la ficelle, du fil métallique, ou autre. Maintenant, attachez la ficelle à chaque extrémité du poteau de base opposé, et amenez-la aussi près que possible du plafond, le long du mur et de l'attache. Tous vos voisins parleront de vous.

Maintenant que vous savez comment faire, mettez-vous au travail, et amusez-vous bien!

11 Bibliographie annotée

Au moment où ce livre sera publié, il y aura probablement un plus grand nombre de livres sur l'énergie des pyramides que ceux que je vais vous donner. Mais il reste que ces livres sont les plus importants dans ce domaine restreint. Je me suis limité, à quelques rares exceptions, à donner des livres qui traitent de l'énergie des pyramides et non pas uniquement des pyramides elles-mêmes. Comme la plupart des articles écrits sur ce sujet sont soit plein de scepticisme railleur, soit des extraits de livres, j'ai préféré les omettre. Ce qui suit sont des sources que j'ai moi-même étudiées et que vous trouverez accompagnées de mes commentaires. Certains écrits remontent aux années 50. J'ai préféré classer les livres par titre plutôt que par nom d'auteur.

The Cameron Aurameter, compilé et publié par Meade Layne. Borderland Sciences Research Foundation, Vista, CA, 1972. Principalement axé sur la radiesthésie et les moyens de détecter les champs énergétiques du corps grâce à l'appareil de Verne Cameron l'«auramètre». Contient aussi des rapports sur les premiers travaux de Cameron sur les pyramides, les cônes et les aimants.

Fantastiques recherches parapsychiques en URSS, par Sheila Ostrander et Lynn Schroeder. Robert Laffont, Paris, 1975. On peut dire que ce livre a donné le coup d'envoi d'une vague d'intérêt réel en ce qui concerne l'énergie des pyramides aux États-Unis. Comme l'indique le titre, il s'agit principalement de recherches métapsychiques. Le chapitre 27 est consacré aux recherches de Drbal sur la pyramide, et l'accent est mis sur les lames de rasoir. Le chapitre 28, très valable sur le plan de l'énergie, traite des générateurs psychotroniques.

Secrets of the Great Pyramid, de Peter Tompkins, Harper & Row, New York, 1971. Ne contient qu'une phrase ou deux sur l'énergie des pyramides. Ce livre vaut surtout pour les renseignements historiques, architecturaux et mathématiques qu'il renferme. C'est à mon avis la meilleure source de renseignements sur la pyramide en général. Les données mathématiques m'ont aidé à énoncer ma théorie du «point phi».

The Pyramid and Its Relationship to Biocosmic Energy, par G. Patrick Flanagan. Publié par l'auteur, à Glendale, CA. 1972. En fait plus une brochure qu'un livre, c'est à ma connaissance le premier ouvrage publié aux États-Unis qui traite uniquement de l'énergie des pyramides. On y trouve une liste de quelques-unes de ses expériences, des données mathématiques, ainsi qu'une petite pyramide en carton.

Orgone, Reich and Eros, par W. Edward Mann, Touchstone Books, New York, 1973. Les ouvrages de Reich (publiés par Noonday Press ou Farrar, Strauss & Giroux) étant assez ardus pour les amateurs, je conseillerai de commencer par l'ouvrage de Mann. À la différence de plusieurs autres livres consacrés à Reich, ce travail insiste sur les expériences ayant trait à l'énergie, fait des corrélations avec d'autres types d'énergie et comprend un chapitre sur les expériences de Mann avec des couvertures à orgone.

Pyramid Power, par Max Toth et Greg Nielsen, Freeway Press, New York, 1977. (La version française de ce livre doit paraître prochainement aux Éditions Belfond, à Paris). La première partie est une bonne étude sur les autres pyramides dans le monde. La deuxième partie contient un chapitre excellent, écrit par Karl Drbal lui-même.

Pyramid Power, par G. Patrick Flanagan, De Vorss & Co., Santa Monica, CA. 1975. On suppose qu'il n'avait pas lu le livre qui précède avant de donner ce titre à son ouvrage. Une certaine tentative est faite pour relier l'énergie des pyramides aux autres formes d'énergie et on trouve des données intéressantes sur le propre travail de l'auteur. Malheureusement, la prose agitée rend la lecture difficile, et plus d'un tiers du livre est consacré à une théorie qui est extrêmement ardue à comprendre, et qui semble avoir peu à voir avec le sujet.

The Guide to Pyramid Energy, par Bill Kerrell et Kathy Goggin. Pyramid Power V, Santa Monica, CA, 1975. L'un des meilleurs livres sur l'énergie des pyramides, truffé de données expérimentales très stimulantes pour l'esprit.

Mana Physics, par Serge V. King, Huna Enterprises, Los Angeles, 1975. Le thème du livre est la corrélation; j'ai voulu essayer de prouver la relation qui existe entre des données telles que prana, mana, od, orgone, énergie des pyramides, énergie psychotronique. Contient des informations sur les expériences originales faites dans chacun des domaines énumérés.

The Secret Power of Pyramids, par Bill Schull et Ed. Petit, Fawcett Books, New York, 1975. Contient de nombreuses idées originales et s'inspire d'un vaste choix d'ouvrages occultes et scientifiques pour prouver les effets de l'énergie des pyramides. Un bon livre de référence.

The Secret Forces of the Pyramids, par Warren Smith, Zebra Books, New York, 1975. Principalement un ouvrage historique sur les pyramides. Un seul chapitre assez court sur le travail d'autres chercheurs dans le domaine de l'énergie des pyramides. L'accent porte sur les aspects occultes et mystiques de la pyramide.

Beyond Pyramid Power, par G. Patrick Flanagan, De Vorss & Co., Marina Rey, CA, 1975. Certaines parties sont difficiles à comprendre pour le novice, mais ce livre contient des renseignements étonnants sur les pyramides, les cônes, et sur d'autres formes qui produisent la même énergie.

The Pyramid Guide, bulletin international bimensuel, El Cariso Publications, Santa Barbara, CA. Le seul forum ouvert aux amateurs de pyramide. Allie les aspects scientifiques aux aspects mystiques. Une nécessité.

Sur le magnétisme...

Magnetism and Its Effects on the Living System, par Albert Roy Davis et Walter C. Rawls, Jr. Exposition Press, New York, 1974.

The Magnetic Effect, par les mêmes auteurs, Exposition Press, New York, 1975. Les deux livres mentionnés ci-dessus traitent des études approfondies sur le traitement des plantes, des animaux et des humains avec des aimants. Plein de découvertes originales et remarquables, ce livre peut éclairer d'une lumière nouvelle les effets de la pyramide.

12 À propos de l'auteur

Serge V. KING Ph. D. a travaillé activement dans les domaines de la parapsychologie, la paraphysique, la bioénergie et la technologie sociale pendant plus de vingt ans. Ses études l'ont conduit dans différentes parties du globe dont la plupart des pays de l'Amérique du Sud et du Nord, de l'Europe, de l'Afrique. Il a mené durant sept ans, en Afrique occidentale une étude approfondie sur les systèmes magicoreligieux et a en même temps entrepris de vastes programmes de développement socio-économique pour une agence privée. Son dernier travail lui a valu une médaille du Président du Sénégal.

Le travail du Dr King sur l'énergie des pyramides est le résultat de recherches concernant des opinions anciennes et actuelles sur les forces qui dépassent la physique ordinaire. Non content d'évaluer les écrits des autres, il a organisé un groupe de recherche et mis sur pied des expériences contrôlées de son invention, dont certaines ont nécessité trois ans de travail. Sa vie aventureuse lui a permis de faire de nombreuses corrélations et découvertes. Il a, par exemple, démontré que l'énergie de l'orgone était semblable à celle de la pyramide. Son esprit pratique lui a fait inventer plus d'une douzaine d'appareils psychoénergétiques et bioénergétiques, dont quelques-uns sont offerts au public.

La qualifications académiques du Dr King comprennent des grades universitaires en Études asiatiques et en commerce étranger, une maîtrise en administration internationale et un doctorat en théologie. L'étude et l'emploi de huit langues l'ont aidé à faire progresser ses recherches. Ancien *Marine*, il est également membre du Phi Beta Kappa.

Initié à l'âge de quatorze ans à l'ordre ésotérique des kahunas par son père, le Dr King a étudié avec les maîtres les plus qualifiés en science psycho-spirituelle, venant d'Afrique et d'Hawaï. En 1973, encouragé par ses maîtres, il fonde l'ordre international Huna *(Order of Huna International)*, ordre religieux et scientifique destiné à faire connaître ce qui est inconnu. Les membres de cet ordre s'engagent dans des recherches bioénergétiques et parapsychologiques, font de l'enseignement, consultent et guérissent.

En plus de cet ouvrage, le Dr King a écrit *Mana Physics: A Study of Paraphysical Energy* (La Physique Mana: une étude de l'énergie paraphysique), The Technology of Magic (La technologie de la magie), *The Hidden Knowledge of Huna Science* (La connaissance cachée de la science Huna), *Sexuality and the Zodiac* (La sexualité et le zodiaque), et un grand nombre d'articles, de cours, et de conférences traitant de tous ces domaines.

En ce moment, le Dr King enseigne, donne des conférences, écrit, fait des recherches, se trouve à la tête d'une organisation, et dirige les activités de l'Ordre international Huna. De plus, il a mis sur pied un système unique qui permet d'atteindre une liberté intérieure appelé Kalana, qui est basé sur ses connaissances kahuna, et sur des recherches modernes en bioénergie.

Le Dr King vit à Malibu, en Californie, avec sa femme et ses trois enfants.

Sommaire

1 Qu'est-ce qu'une pyramide?...................7

2 Comment la pyramide fonctionne-t-elle?..........21

3 Comment faire les expériences..................31

4 Les pyramides et les plantes 39

5 Les pyramides et les aliments 53

6 Les pyramides, les gens et les animaux 71

7 Les effets non organiques des pyramides 89

8 Les pyramides et l'électronique 101

9 La pyramide machine à souhaits 111

10 Comment construire votre pyramide 119

11 Bibliographie annotée........................137

12 À propos de l'auteur 141

Achevé d'imprimer
sur les presses de la S N I Jacques et Demontrond
ZI Thise / Besançon
Juin 1989 - Dépôt légal n° 11065

Imprimé en France